东哥带路

全球高端定制游

端州卢有光题

刘卫东 著

羊城晚报出版社
·广州·

图书在版编目（CIP）数据

东哥带路：全球高端定制游/刘卫东著. —广州：
羊城晚报出版社，2019.1
ISBN 978-7-5543-0433-4

Ⅰ. ①东… Ⅱ. ①刘… Ⅲ. ①旅游指南—世界
Ⅳ. ①K919

中国版本图书馆CIP数据核字（2018）第295784号

东哥带路——全球高端定制游
Dongge Dailu——Quanqiu Gaoduan Dingzhiyou

策划编辑　谭健强
责任编辑　谭健强
责任技编　张广生
装帧设计　友间文化
责任校对　王晓娜　梁醒吾　潘子扬
出版发行　羊城晚报出版社
（广州市天河区黄埔大道中309号羊城创意产业园3-13B　邮编：510665）
发行部电话：（020）87133824
出 版 人　吴　江
经　　销　广东新华发行集团股份有限公司
印　　刷　佛山市迎高彩印有限公司
规　　格　787毫米×1092毫米　1/16　印张15.5　字数300千
版　　次　2019年1月第1版　2019年1月第1次印刷
书　　号　ISBN 978-7-5543-0433-4
定　　价　77.00元

序1 Preface

成功者各有成功的理由

东哥属猴，五十岁的他仍猴性十足，说话急，做事更急。一坐下来，肯定是几件事情同步进行，手舞足蹈，一分钟不空闲。隔个十天半月不见，又不知去了哪一个新鲜的地方，带回来一堆有趣的见闻，更少不了多了几个相见恨晚的朋友。

与东哥结缘于三年多前第一次合作组团赴美国的“巴菲特之旅”。当时，面对这一个虽然是旅游公司股东，但主要身份还是会计师事务所老板的他，我半信半疑。毕竟这是一个难度不小的项目，要侍候的是一群“不差钱”的主，个个见惯世面并很有要求，稍有不慎，砸损的将是广播电台的声誉。

如履薄冰尝试合作了第一年“巴菲特之旅”之后，猛然发现，这短短头发戴副金丝眼镜的他，执行力是超乎的强，他的字典里没有“难”“退缩”几个字。当然，与东哥合作也是一件挺开心的事，可以放任自己心血来潮异想天开，思路到哪就把要求提到哪。虽然每次把他的旅行社折腾得人仰马翻，有时令出点子的我也觉过分了，但就是在他每分钟不停地发号施令中，想法一个一个实现了，也正因为这些的“独家”就成为每一次合作旅游项目的亮点。

从合作伙伴到成为好朋友，目睹着他从旅游公司股东、税务事务所老板，到私募基金股东，再成为旅游公司老板晋身旅游达人并完成了他的第一部大作的历程，我又一次确证了一件事：成功者各有成功的理由。超强的交际能力，永不放弃的顽强意志，是他一步一个台阶的资本。

几年前东哥收购旅行社并亲任老板，从此一头扎进旅游行业乐在其中，好交朋友的性格与旅游职业有了最佳结合，擦出了更多火花。于是，与头号大国的驻华大使竟熟络得搂腰搭背，“股神”巴菲特向他面授投资秘籍，更有在千年南极冰海中的惊天一跳……种种轶事在朋友圈中被津津乐道。

在朋友们怂恿之下，见他萌生了出书的冲动，并且说干就干，时时手中拿笔口中念念有词，于是也见他身边多了畅销书作者和出版社朋友。要把眼中的见闻变成纸上的十几万文字，实不是一件容易的事。这一次，同样又是源于他的行动力，他的勇气，他的坚持，他做到了。

《东哥带路》朴素平实，内容直达主题，读着似一个急匆匆的东哥正迎面走来，快人快语，三句不离本行，口袋里装着满满的红利。不论是从他的七大洲四大洋游历认识世界各地风土人情，抑或是读懂他职业路途上的执着坚持而为他拍手点赞，我们都将认识了一个激情、勤奋、真性情的东哥。

你会喜欢这本他的处女作，我相信。

谭　伟

广东广播电视台股市广播总监

2018年11月

序2 Preface

他是一个看过世界的人

东哥的网名叫“阿东之么”。这四个字在广东话里面的意思就是“只不过是阿东而已”，这是东哥的谦逊，他把自己放在一个非常平易近人的位置上。所以，东哥有非常多的朋友，各行各业大家都很愿意跟东哥交流。其实东哥是一个非常了不起的人，他是一位非常出色的投资人，同时也非常地跨界，身份多变地游走在各个领域之间。

东哥是一个看过世界的人，只有看过世界的人才懂得珍惜眼前，敬畏自然，谦逊对话。我在东哥身上学习到了很多。因为我和东哥是同道中人，爱美食爱旅行热爱生活，所以今年东哥邀请我作为东哥带路旅行路线的线路定制师。我们把自己的经验和人脉统筹起来，转化成跟旅行社传统路线完全不一样的以体验为主的高端定制线路，并且分享给大家。东哥把他走过的经典线路写成了一本书，作为一名作家，要写作还要跨界工作，还一直没把去旅行在路上看世界这件事耽误，真是非常难的事情。这个人必须会玩会写还是个时间管理的高手。东哥说这本书的绝大部分都是在长途飞行中完成的，一个有激情的人总是不会浪费一分一秒的时间。

东哥每次讲起他在旅途中的故事都眉飞色舞，口沫横飞，让大家心驰神往。每次讲到他们坐船去南极，在深达两千七百米的海面上的惊险，都让我们每位听者捂住胸口；去非洲肯尼亚，说要看到五种珍稀动物才算回本的神情，又让我们大家都忍俊不禁。东哥这些年旅行路上的故事，真的非常精彩。

我自己是一个不看旅行书的人，因为我觉得旅行最大的魅力和乐趣就在于自己去体验，自己摸索出一条线路，自己做攻略的过程。但是，东哥这本书我倒是很有兴趣看，也强烈推荐给大家。这是因为东哥是一个很有故事的人，而且他很乐意把这些故事分享给大家。他说话特别快，充满激情，说明他的脑转速特别高。他通常会一件事情没说完就开始讲下一件事情。当然这也是与他看的世界大，他看的世界多，他经历的故事多的原因有关，他迫不及待地要把他的想法他的经历分享给大家。他同时是一位专业的税务师，所以逻辑思维非常强，在旅途和生活中碰到任何问题只要找到东哥，他都会拍胸脯说“没问题，我来想办法”。其实无论在旅途上还是生活中，我们都很需要一位像东哥这样亦师亦友的同路中人。

我也经常去旅行，我觉得旅行最大的魅力就在于在旅行的过程中认识的朋友，在于跟你一起去旅行的这群朋友在旅途中与你一起经历的故事。有人喜欢独自去旅行，有人喜欢抱团去旅行，有人喜欢跟陌生人一起去旅行，看完东哥这本书，希望我们能在旅途中相遇，更希望我们一起出发！

徐小婷

女性励志作家，跨界生活体验家，综艺节目导演

2018年11月

自序 Preface

世界那么大，我要去看看

东哥融入了他的队伍中

“世界那么大，我要去看看！”周游世界是我从小的志向和愿望。

我出生于1968年，2018年刚好50岁。我们这一代人生活在中国改革开放的大变革年代，目睹和经历了改革开放的浪潮。我学的是财务会计专业并在税务部门工作多年。在改革开放政策的感召下，我走出机关下海办企业，曾投资创办了税务师事务所、私募投资公司和出入境咨询公司等，也可以说是事业有成。但我最大的爱好还是旅游。因此，我利用业余时间考取了国家导游资格证和出境领队证，并在带团旅游中更加深了对旅游业的理解和倾慕。

我热爱旅游，于是也开始投资参股旅行社，2016年开始陆续出资受让了广州康辉国旅和广州良辰美景国旅的股份，并分别担任两间公司的董事和执行董事。

近年来我经常以导游和出境领队的身份率领团队出国旅游。回顾自己投身旅游工作的这几年，虽未游遍世界所有国家，但细数一下也已游历了七大洲四大洋。游览的风景名胜包括自然风貌、原始生态、历史遗迹和人文景观，可谓大千世界尽收眼底，让人大开眼界、流连忘返、不亦乐乎。

我享受着旅游和投资收益的乐趣，渐渐就有了撰写一本亲历的旅游纪实书籍的“冲动”。2018年元旦前后，笔者飞越魔鬼西风带德雷克海峡到南极半岛探险，回来后便突然迸发出写一本书的强烈愿望。而本人才疏学浅又弃笔多年，感觉心有余而力不足。这时，多位团友的鼓励推动了我。我偷偷告诉自己，要有强大的定力和坚韧的意志，只要心中有梦，敢于去追求理想，就一定能实现。

不久前，我们时代的偶像霍金、金庸、李咏相继去世，让我进一步理解了某位哲人所说的“人生三次消亡”的意义：第一次消亡是人的生命的消逝，是生理的死亡；第二次是出席追悼会嘉宾的追思后，是社会圈子的消亡；第三次是认识的人当中的最后一位也驾鹤西去，是人体在地球上的最终消亡。而一个人想要永不消亡，就要有个人事迹留存于世，令后人时时提起，乃至永世留存，是为永垂不朽，这也是我的追求。

生命宝贵，只争朝夕！在南极一跃跳下冰海之精神的振奋下，我战战兢兢地开始了这本书的编写。我下定决心，订下计划，三个月内要梳理出本人近三年来的实地考察资料，还有旅行中写下的心情文字，并以最快的速度将它们整理成书，期望能谱写出又一页人生精彩的篇章，能与同样喜欢探索、热爱旅游的朋友们分享我的所见所闻所感。这或许也算得上我留给世人的事迹吧。

今天，这本书终于成功面世，希望这本书可以成为旅游爱好者的旅游指南。大家带上它就可以来一场说走就走的旅行，让旅行事半功倍。今后我还会继续出版我的旅游纪实书籍，与广大读者分享我的旅游见闻和心得，敬请期待。由于本人才疏学浅，时间仓促，错漏之处在所难免，请读者不吝指正，不胜感激。

当今旅游“打卡团”犹如信差送信，走马观花；就算轻奢的“自由行”，也多是到一些景点蜻蜓点水般地游览一下。写旅游的书籍也是林林总总，线上线下随处可见，有写跟团游的，有写自由行的，不胜枚举。改革开放已40年，日益增长的物质生活水平让人们对出游的要求越来越高，出境游从早年的港澳游、东南亚游，逐渐到欧美游、大洋洲游、南美洲游，再到南极、北极远途游，出国旅游愈发成为人们生活中的重要组成部分。因此，本人要写一本“定制游”的书，让财务独立且有闲暇时间的朋友们明白，可以不必在跟团游的二次消费中耗费时间，也让近年兴起的自由行多一份“定制”的选择，享受更完美的旅游文化。

旅游业是国家的重要产业，也是国民生产总值的一个重要指标。但是，传统的跟团出游方式又有太多的局限，有人把它形容为“跑得比马还快、睡得比贼还晚、起得比公鸡还早”，不但劳累，还受制于人，有失旅游之真谛。自由行又过于“自由散漫”，没有重点目标。而近年来所兴起的“定制游”正好填补了以上两种出游方式的不足，改变了我们的出游习惯，正被越来越多的旅游发烧友所推崇，被誉为自己组织的旅行团。

我结合近年来投身旅行社的亲身经历，分析研究了当今旅游市场包括各大出境旅行社的分类、分档的各种旅游产品，希望本书的定制游路线能够给当今的旅游市场，特别是充斥着低价团、零团费团、对赌团等乱象的市场环境激荡出一点涟漪。

本书能为定制游人群提供目的地调查、路线设计、出游攻略、注意事项等方面的参考资料，内容涵盖七大洲目的地，都是我亲自用脚步丈量过的地方：参观美国的高科技公司和创新产业、南极洲的探险之旅、走进“流淌着奶和蜜的迦南之地”的以色列约旦之旅、文艺复兴的发源地欧洲深度游、美洲不一样特色的社会主义国家古巴、狂野东非之肯尼亚坦桑尼亚等，每条线路都践行定制游的方式。

希望本书与大家分享的“定制游”能让读者眼前一亮，拉开以后新的出游方式的序幕，也希望可以帮助到那些准备定制出游的朋友。“时间就是金钱、效率就是生命”，很多跟团游的客人都对廉价团靠二次消费及巧立名目由领队增加景点的做法极度反感；而有些自由行一族只是满足于晒“朋友圈”，对风景名胜、文化古迹及人文景观蜻蜓点水，属于叶公好龙式欣赏游玩。当今社会有些人会生活浮躁、急功近利；只有静下心来，才能认真研究定制游路线，在网上书海中先预习出行功课，做好出游准备，真正做到学习中旅游，旅游中学习。常言道：高官不如高薪、高薪不如高寿、高寿不如高兴。今后旅游我们不妨就从出游方式为“定制”开始，让我们的出游真正做到“富、贵、闲、散”，享受一种精神“高兴”（愉悦）的旅行、一种有品位的生活消遣方式，同时也是高雅贵气的一种体现。

我的网名、微信名都是“阿东之么”。这个名字来自粤语，“阿东”是父母、朋友对我的一个称呼，“之么”是粤语的一个词尾，意思是“而已，罢了”，可以体现本人面对世人世事的谦逊态度。正如写这本书，我就受到了很多人的鼓舞，在鸣谢清单中，需要特别感谢我的家人，感谢妻子风雨兼程的陪伴，感谢儿子旺仔的行程建议，感谢父亲的旅途提醒。同时，非常感谢江锦伟、陈晓阳、谭伟、宋权修、萧志坚、金谷明等众好友的支持。人生充满美好的回忆，能够在有生之年和妻子一起在冰山雪地之中演绎《泰坦尼克号》中的场景，能够与数吨重的座头鲸亲密接触，能够和来自五湖四海的朋友们举办一场燕尾服派对……快哉，快哉！

人在年轻时有两个冲动，一个是奋不顾身的爱情，另一个是说走就走的旅行。旅行，其实是需要有一种“流浪精神”。我虽已到知天命之龄，但作为一个旅游发烧友，旅游对我依然充满了诱惑。探险让人意志坚强，旅游给人带来无穷的快乐。而旅游不能浅尝辄止，我已由浅喜转为深爱。

亲爱的朋友们，愿我们都能带着最简单的行李和最丰盈的内心在这世间“流浪”，愿我们都有人生旅途的好故事可以分享传承，不会枉此一生。

东哥（阿东之么）

2018年11月

目 录

CONTENTS

第一辑

天时篇

一生总要去一次——飞越南极 · 002
地球最南端的纯净之地 · 005
南极半岛“过新年” · 007
冰山博览展 · 012
动物世界的温情 · 013
钟声响起归家的信号 · 014
东哥带路真经 · 016
行程小Tips · 020
值得推荐的“南极定制游”（坐船去南极） · 022

第二辑

地利篇

欧亚非三大洲交汇处——以色列&约旦 · 026
“流淌着奶和蜜”的迦南地区 · 029
犹太教圣城萨法德 · 031
耶稣传教布道圣地——提比利亚 · 032
走进约旦 · 033
月亮峡谷——瓦地伦 · 034
摩西出埃及记后“点石出水”的古城佩特拉 · 036
尼泊山上摩西的权杖 · 037
死海其实是盐湖 · 039
耶路撒冷的“美与哀愁” · 040
寻找耶稣的足迹 · 043
重走耶稣的十四站苦路 · 045

告别“七支烛台”的国度 · 049
东哥带路真经 · 051
行程小Tips · 055
东哥推荐的以色列约旦深度12天游 · 057

第三辑

人和篇

奇妙的巴菲特之旅 ·060
第一站　旧金山　硅谷 ·065
第二站　美国中部　爱荷华州 ·072
第三站　零距离接触“股神” ·078
第四站　走进纽约顶尖金融机构 ·086
巴菲特之旅“续闻” ·091
东哥带路真经 ·092
行程小Tips ·093
值得期待的2019年4月28日巴菲特之旅 ·095

第四辑

文化篇

畅游意德英法四国 ·098
欧洲文化首都之意大利海港城市热那亚 ·101
热那亚的沿海的风景 ·103
热那亚旧港的象征 ·106
热那亚现代化与艺术的象征 ·107
圣洛伦佐大教堂 ·109
平凡而独特的五渔村 ·110
五渔村的世界明信片——马纳罗拉 ·112
色彩绚丽的里奥马焦雷 ·114
圣雷莫政府 ·115
体验刚毅又不乏浪漫的德国 ·118
走进罗滕堡 ·120
走入德国旅游名片 ·123
洋溢着浓浓贵族气息的英国 ·125
不一样的爱丁堡街头 ·128

畅游伦敦 ·131
从诺曼底“登陆”法国 ·136
艺术的盛宴 ·138
法国乡村文化小镇寻宝 ·139
行程小Tips ·143
冰梦奇缘挪威芬兰冰岛10天追梦欧若拉 ·145

第五辑

浪漫篇

印象古巴 · 148
向加勒比海明珠出发 · 152
象牙粉沙滩巴拉德罗 · 153
恬静悠然的哈瓦那 · 155
沧桑感的哈瓦那旧城 · 159
追寻海明威的足迹 · 162
西加勒比海之旅 · 165
金融中心乔治敦 · 167
玛雅文明遗址探访灭亡的玛雅人 · 168
悼念菲德尔·卡斯特罗 · 170
行程小Tips · 171
墨西哥古巴14天时光之旅 · 173

第六辑

悠闲篇

西澳自驾游 · 178
向西澳出发 · 181
并不孤独的珀斯 · 182
调色板般的粉红湖 · 185
菲茨杰拉德河国家公园 · 188
不一样的滑沙体验 · 190
体验澳洲土豪的生活 · 191
迷人的滨海城市 · 194
自由尽享澳式生活 · 195
东哥带路真经 · 196
行程小Tips · 197
异彩纷呈西澳9天定制游 · 199

第七辑

狂野篇

了不起的肯尼亚坦桑尼亚 · 202
那一片难忘的粉红色——火烈鸟 · 205
与斑马一起打高尔夫球 · 207
初探马赛马拉国家公园 · 208
领头角马带领大部队撤离危险地带 · 211
东非小巴黎——内罗毕 · 214
吊脚楼上边“睇野”边“叹茶” · 215
海明威笔下的乞力马扎罗雪山 · 217
从草原到热带雨林 · 219
恩戈罗恩戈罗的狮群 · 220
东哥带路真经 · 223
行程小Tips · 224
让人三观颠覆的非洲10天定制游 · 226
追踪神秘野生动物16天深度定制游 · 229

东哥带路
START!

一生总要去一次——飞越南极

“天气不似预期，但要走总要飞”，南极的天气变幻莫测，不是想去就能去，但只要有心，皇天必定不负有心人。

感谢上天给我的这个机会，让我能一睹南极的风采。

寻幽访胜，巡航于海洋生物繁盛，冰河、冰山环绕的南极大陆，这是一个人文遗迹丰富、美景奇观处处可见的白色世界。

它的高山雄伟壮丽，冰河由山顶延伸至海边，气势宏伟，气象令人陶醉。

在南极的每个活动，都是我人生的难得经历。在南极就像参加婚礼，而且，新郎是自己。

我能明白和理解，为何南极近百年来不断吸引众多探险家前往，近年来许多旅客热情高涨地期望前往南极。

因为，每次的南极探索都无法预测而可能有新的体验，这是极区旅游的亮点与独特性。

所以，一生总要去一次南极“探险”。

第一辑
天时篇

南极
飞越南极
13天
南极·智利迎新之旅
主甲板方窗双人船
行程特色
选乘高品质美国航空公司AA,更短的飞行时间，更合理的行程顺序
南极半岛过元旦，极具意义
在南极半岛迎接您的2018年！
ARGENTINA
蓬塔阿雷纳斯
Punta Arenas
南设得兰群岛
South Shetland Island
昂韦尔岛
Anvers Island
乔治王岛
King George Island
斯塔诺希尔岛
Snow Hill Island

“飞越南极”示意图

DAY 1 地球最南端的纯净之地

2017年12月29日，我们一行10人乘坐装备有4个涡轮发动机的极地飞机下午4点半起飞，一个半小时后到达南极乔治王岛（南设得兰群岛上最大的岛屿）上空，后被告知因为雾大能见度低而无法降落，我们只好原路折返，心情一下子跌入低谷。

坐轮椅也要去南极

全副武装登陆南极岛，步行经过泥泞小道

折腾到第二天，游船公司突然通知上午11点半紧急集结，将尝试第二次飞越南极（若三次起飞失败将退船票并取消南极之行）。

带着沉重而又期待的心情我们再次登上了飞机。在机场集合的时候，我看到了感人的一幕，一位坐轮椅的小伙子跟我们一样在默默地等待飞机前往南极。小伙子的坚毅激励着我，让我知道人生总是充满希望，

皇天不负有心人！终于，下午6点，飞机成功降落在乔治王岛智利空军基地。大伙儿的心情别提多高兴了。

飞机慢慢着陆，走出机舱那一刻，眼前的景象太令人震撼了：这里三面环绕着稀落的雪山，一面靠着深邃无边阴冷冰冻的海洋，杳无人烟，智利、俄罗斯等国的极地考察站零散地分布在各个小山丘上。踏上南极陆地前，全部人都被要求将脚上穿的高筒水靴先消毒，再加上我们从头武装到脚的样子，让我想起1969年美国宇航员阿姆斯特朗踏上月球的画面，他当时说出的那句名言，“That's one small step for a man, one giant leap for mankind”（对于一个人来说，这只是一小步，但对人类来说，这却是巨大的一步）犹响耳边，我自己踏上南极的脚印，就是拥抱自己梦想的见证啊！

南极之旅首日，平生第一次坐飞机按先到先选位入座，且被要求统一在飞机内解决“内急”才允许下机。到了，降落地无须办理任何手续就可以直接出境，不一样的体验。我们两架飞机上的一行上百人，沿着智利南设得兰群

全球高端定制游

下机登陆南极岛

搭乘冲锋船

岛上的空军机场，冒着寒冷刺骨的南极海风，经过一段约3公里的泥泞小道，步行约25分钟后到达了一处岸边，然后我们分6人一组，分别乘坐冲锋舟，登上海洋探险号考察船。

搭乘冲锋船时拍下的“人间仙境”

海洋探险号

海洋探险号上

DAY 2 南极半岛“过新年”

第二天，是南极半岛游最繁忙最充实的一天。当天是西方除夕。上午和下午，我们分别进行了沃恩港和库弗威尔岛周边巡游和登陆活动。在上午的登陆活动中，我们见到了成群结队的帽带企鹅（头上有一条黑色帽带），其中还有小企鹅开心地唱起了歌，好像在表达它的豪情——“有朋自远方来，不亦乐乎”。

在海上巡游时，我们看到了座头鲸；登陆活动中我们认识了金图企鹅（它的嘴巴和脚掌都是橙色的）；在南极海洋面，我们来了一场“跳水”运动会。

跳入南极海有一件趣事想和大家分享，就是和何正根领队打赌“跳海”。我“怂恿”何领队跟我一起跳入南极海，当时何领队也扭扭捏

会“唱歌”的帽带企鹅

沃恩港的帽带企鹅

东哥跳进寒冷刺骨的南极大海五连拍：整装待发前、跳水前、跳入水中、在冰水中、上岸

捏，思前想后要不要尝试，他也是第一次尝试，之前从来没有跳下南极海的勇气。当时为了鼓励他我与他打赌，我说：“我如果敢跳下去，你可否跟从啊？”他纠结了很长时间，最后说：“既然东哥也跳，那我也尝试一下吧。”后来我才得知他为了跳下南极海准备了一个晚上，在船上买了鲨鱼皮的泳衣，当天晚上从十点钟开始到凌晨的五六点钟都没睡觉，整个晚上都从探险船甲板第一层到最高第五层徘徊，可以想象他那个忐忑不安、踱来踱去的不眠之夜。最终，就在次日临近中午的时候，何领队在我的带头作用下，穿着鲨鱼皮，成功跳下南极冰冻的海水。

我在跳水之前，误打误撞在伏特加酒的壮胆下，一下跳入南极冰冷刺骨的海里，跳下去

何正根领队一跃跳进南极海

团友万光宇飒爽英姿跳入冰海中

之后的感觉就像“千根芒刺在身”，约10秒钟仿如隔世的感觉后就被护绳拉上甲板。上到船舱后，整个人是蒙的，浑身麻木、毫无知觉，连方向都迷失了，连自己的舱位房间都找不到了，后来找到之后用滚烫的热水洗澡，冲洗了半个多小时，流出的热水沐浴着身体仍感觉是冷水。在这里跟大家分享跳水经历，是希望能够去南极的朋友们，到时也能够一跃跳入冰冻的南极海，勇于挑战自己的极限。

带团的何正根领队，他带团去南极探险已经长达九年了，登陆南极半岛超过十次，但是跳入南极海这件事情是2018年元旦才去尝试实验的。以往每次在南极游宣讲会上，很多人都问何领队在南极最难忘是什么？他总是回答最难忘的是看到帝企鹅、鲸鱼、冰山等。但是从2018年开始他可以说出另外一个最难忘的事，因为他战

Quark Expeditions®

ANTARCTIC POLAR PLUNGE SURVIVOR

Certificate of Achievement

ANTARCTIC EXPRESS
EXPEDITION

THIS CERTIFIES THAT
WEIDONG LIU
HAS COMPLETED AN EXPEDITION TO
ANTARCTICA
ABOARD THE QUARK EXPEDITIONS' VESSEL

M/V OCEAN ADVENTURER

THIS VOYAGE OF DISCOVERY REWARDED
US WITH MOMENTS OF GLISTENING SUNSHINE
AND WE WERE AFFORDED GLIMPSES OF THE RUGGED
GRANDEUR AND SUBLIME TRANQUILITY OF THIS
UNIQUE ENVIRONMENT.
THE EXPERIENCE INCLUDED
OBSERVATIONS OF THREE PENGUIN SPECIES,
A POLAR PLUNGE, ANTARCTIC BBQ
AND WAS TOPPED OFF BY SETTING FOOT ON
THE ANTARCTIC CONTINENT AT SOUTHERN ARM, ORNE HARBOUR
64 38' SOUTH, 062 33' WEST ON SUNDAY, 31ST DECEMBER 2017

ALEXEY ZAKALASHNYUK
CAPTAIN

ALISON KIRK-LAURITSEN
EXPEDITION LEADER

东哥2017年12月21日获得由海洋探险号船长颁发的南极考察队成就证书（右上方为跳水徽章）

发现一头鲸鱼的尾巴

胜了自己，一跃跳下了南极海。要知道并不是所有人都有这个勇气，跳水前要签生死状，是用“生命”来搏的探险。

当天晚上，我们在船上与各国登上南极岛的成员举行了一个元旦晚会。晚会气氛热烈、友好和感人，令我终生难忘。

据随行的美国探险队员介绍，全球

到海边觅食的企鹅

金图企鹅的嘴巴和脚掌都是橙色的

停靠在岸边的海洋探险号考察船

企鹅家族共分为17种，南极洲有企鹅1.2亿只，占全球企鹅总数的87%。其中，帝企鹅最大，每只可重达38公斤；其次是王企鹅，每只约18公斤重；接下来就是这次我们探险见到的金图企鹅、阿得利企鹅（嘴巴黑色）及帽带企鹅等三种常见的企鹅，重量均为每只5公斤左右。企鹅一般寿命为15～25年。同一种类的企鹅实行一夫一妻制，从来不找第三者或养"小白脸"，也不与其他种类"通婚"。

企鹅走出一条觅食"高速公路"

企鹅一般每年下蛋两次，帝企鹅只会下蛋一次而且不会筑巢，其他企鹅一般都筑巢。企鹅孵化期为34天，再经53天脱毛后，就可以出海捕捉鳞虾和小鱼，每次都可以吃上1公斤回来喂小企鹅。企鹅不但是潜水高手，有纪录可潜入56米深的海底觅食，而且天生勤奋爱家，父母轮流照顾家中幼儿，日夜兼程分工外出寻找小鱼和鳞虾，结果走出了一条方便回家的觅食"高速公路"。正如鲁迅先生所说，"世界上本没有路，走的人多了，便成了路"，企鹅家族何尝不是这样呢？

DAY 3 冰山博览展

这是行程里面景色最壮丽的一天。清晨时分，海洋探险号考察船穿过南极洲著名的利马水道，约11公里长1公里宽的利马水道两岸屹立着各种形状怪异的常年积雪的老雪山，可以想象一下，去掉冰盖后就好像我国的长江小三峡。

诡异又迷人的利马海峡

上午，我们跟随探险队一起巡游后登上了彼得曼岛。该岛是潘诺拉航道最美丽的风景线，在这里我们可以欣赏鲸鱼在浮冰中穿梭，体验大自然的美丽，总是意犹未尽的感觉。在彼得曼岛，会看到阿德里企鹅家族和鸬鹚帝国的稀奇景色。该岛的标志性建筑是一间约20平方米的旧木屋和它左边的十字架，是阿根廷1955年所建的庇护所和纪念碑。

下午，登陆夏古港，在登陆点右上角看到纪念英国三位探险家的十字架纪念碑；在登陆点的上方，只能远眺一个金图企鹅聚居地、一处庇护所和一处古老冰山。因为时间和风险因素，我们只能登上纪念碑观看如冰山博物馆式的各种冰山：有搁浅的老冰山、平顶冰山、金字塔冰山、歌剧院冰山、水族馆冰山等，据介绍其中许多冰山是来源于罗斯海冰架。

在彼得曼岛上阿根廷修建的庇护所和纪念碑

被冰山包围

天与海融为一体，已分不清哪里是海哪里是天

DAY 4 动物世界的温情

上午，我们登陆象角岛并观看象海豹（为南极最大的海豹，因雄性有一个好像象鼻的海豹鼻子而得名）。成群结队的象海豹分散在死火山象角岛浅滩一带，在黑沙滩的远处还有一片金图企鹅聚居地，它们相互和平相处。

在沙滩上，可以看到远处的巍峨的雪山、各种形状奇特的浮冰。在蔚蓝的海水映衬下，水、天、冰山融为一体，让人感受到在大自然面前人显得那么微不足道。

在“聊天”的象海豹

企鹅父母攀越峭壁的石块

下午，我们登陆贝利首岛，拜访帽带企鹅邨。当登上这个面积1平方公里、50年前喷发过的火山岛时，我们被呈现在眼前的一幕震撼了。据向导介绍，在这里住着超过10万只帽带企鹅。在企鹅的雪地高速路上，企鹅从海边到山上分别有序地排成两队上山下山，来来往往，颇为壮观。企鹅父母为了觅食喂养企鹅宝宝，轮流攀越峭壁的石块，从远处的海上用大量吞食的方式带回食物，喂养自己的宝宝。

瞌睡虫象海豹

DAY 5 钟声响起归家的信号

经过5天4晚的南极半岛探险，海洋探险号考察船在一场大雪中徐徐行驶到南极乔治半岛的海面上，离岸边500米左右的距离时，天空上又飘起了鹅毛般的大雪，仿佛暗示我们：南极大陆与

南极办公平房

满载着南极的回忆踏上归途

我们依依不舍。中午时分，大雪稍停，我们一组6人分别乘坐冲锋船登岸，准备乘基地飞机回到大陆板块。

这里特别值得一提的是我们的露天候机空地，在智利军用机场简易办公平房斜坡上，右边就是短而窄的唯一铺满碎石的飞机跑道。幸好，我们这回站了约半个小时后，就听见远处的飞机轰鸣声，大家心中不禁暗喜，这回天公作美啊，不像上一团南极客人望穿秋水，结果还得无可奈何重返考察船度过一个难忘之夜。

两架有四个引擎的极地号飞机分别平稳降落，南极的土地又迎来一批新的客人，同时又载着我们一行约100人，带着南极圈满满的美好回忆踏上归途。

铺满碎石的飞机跑道

东哥带路真经

这次飞越南极半岛，让我重温了久违的或已经遗忘的地理知识，升华了我的人生境界。这只是一次一般的极地探险旅游，各种体验均安排在南极圈（南纬65.5度）外围的半岛进行，跟实际的南极圈擦肩而过。但是，通过这次窥视圈外各种自然现象，已收获满溢，解答了心中多年以来的一些疑惑：

1. 南极游为何难以成行，难就难在交通工具上。现在想去南极半岛探险，要么选择坐飞机，要么选择坐船。现在唯一飞往南极的四引擎客机飞越德雷克海峡平流层平稳而不颠簸，但每架飞机只能载客60～70人，每年12月与次年1月只有有限的10多个航班，也就是只能送一千多人（只占南极全年人数3万多的5%左右）飞过海峡来到南极洲。

然而，坐船游南极半岛又是怎样的呢？据相关人士回忆，通过阿根廷火地岛乌斯维亚坐船去南极洲，途经魔鬼西风带德雷克海峡，那里的海浪有多凶？1万吨的邮轮照样左右摇摆，起起伏伏，时上时下，像坐过山车一样，大部分乘客都会晕船呕吐，直接在船舱里躺足两天，只有小部分人还可以扶着栏杆，东倒西歪活动一下而已。

2. 由于南极天气变化无常，飞越南极的航班只能“靠天吃饭”望天打卦，极地飞机没有明显的降落标准跑道，但也不是降落在亿年雪地跑道上，而是降落在乔治王岛冻土层上面铺满碎石的一大片空地上，真是百闻不如一见，当时的我还天真地以为是处理过的冰上跑道呢。

3. 南极半岛气候极端恶劣，也无法建设接

海洋探险号上的大合照

在海洋探险号利马水道上享用午餐

南极Here we are

待旅客的建筑和设施，只能靠唯一的游轮来解决游客的“食住行、游购娱”。但是，由于高纬度浪急滩浅，游客也只能10人一组，通过冲锋舟往来接驳海岛与停靠在深水区的游船。

4. 基于南极半岛天气易变、海洋水文、动物活动等因素，不可能作传统的旅游或商务考察，只能作探险之旅。且必须有海洋生物学家、专业登山人员、冲锋舟驾驶员等专业人士保驾护航才能成行。

人们常说要认识地球，最基本的要求是要到过南北两极及世界上最高的山脉——喜马拉雅山（当然是坐飞机），此三点一线连接起整个地球体；人们常说百闻不如一见，其实是鼓励我们多出去走走；人们也常说实践是检验真理的唯一标准，其实就是要求我们应多到外面实地调查认识事物。

2007年，东哥完成西藏实地调查，走进著名高原宫殿布达拉宫，在距离喜马拉雅山圈外围进行了一周活动；2011年，东哥在加拿大温哥华登上万吨级巨轮，前往北极水系与北极擦肩而过；终于，十年之后，2017年12月28日，东哥来到智利蓬塔纳斯登上极地飞机，飞越德雷克魔鬼西风带，抵达南极洲海岸线，在南极圈之外的南极半岛一带探险考察。

高耸入云的冰山

这次艰难行程前后共5天、经历四段航程总计约36小时，终于可以抵达南极佐治亚岛，完成了踏上七大洲中最后一片净土的任务。当踏遍六大洲的时候，自己觉得还要继续前行，否则人生的地球之旅只有逗号，不会有句号。

其实，已经有越来越多的探险者奔赴南极。目前，普遍认为法国的杜蒙·杜维尔在1840年1月18日发现南极大陆，随后挪威探险家和英国探险家先后发现并到达极点，算得上是认识了真正的南极洲。此次南极之旅东哥通过与船上很多中国游客交谈了解到，其实大部分人也不是什么土豪或富二代，基本都是工薪阶层，只是确实都是各个行业比较成功的精英，他们都是为了追逐自己的梦想而一起来到南极的。

冲锋舟在南极海上画圈圈

现今，比较流行的交通方式是到阿根廷最南部的城市乌斯怀亚乘坐南极邮轮，用两天时间穿越大风大浪的“魔鬼海峡”——德雷克海峡，到达南极半岛。还有一种比较节省时间且相对轻松的方式，就是从智利的蓬塔阿雷纳斯机场飞越德雷克海峡，直接到达在南极半岛外围的乔治王岛上的智利弗雷站机场，这也是我此行选择的方式。

由于飞机要受天气因素影响，飞越南极的时间变得无法预计（就如这次南极之行就被迫折返后次日再飞）。坐破冰船时间虽然有保障，但人们很难忍受两天的颠簸和晕船。他们南极探险回到乌斯怀亚后不禁总结出“南极之恋”：我差不多一宿没睡，船上的所有东西都飞来飞去，我们很担心这艘船会沉，每一个人都有种生不如死的感觉。据那些坐过船的游客介绍：“我们的船通过海峡时，遇到了台风天气，浪高达8至10米，但这次南极之旅并不多见。我们的破冰船及时停靠在安全区，等台风过后，才继续前行。”

在我国，南极是驴友心中的“极品”目的地，随着南极“包船游”的开展，越来越多游客开始到南极探险。所以，我的感悟就像那句

冲锋舟在南极海上画圈圈

话——“旅行，只要你决定出发了，就成功了99%”。

在南极探险游过程中，组织方会安排一次跳入南极海水的体验，当然要视乎自己身体状况而定。此次南极之旅东哥就经过思想的挣扎，最后毅然决定挑战自己的极限。这当中，有一个晚上的思考，有团友的鼓动——“煽风点火”，也多亏了现场激昂的音乐和伏特加酒的壮胆，才于西方除夕日下午5点，跳入寒冷刺骨的南极海洋中，获得了船长签发的跳水证书。

当天参加跳水活动的有来自世界各地的游客，年纪最小的才7岁，最大的60岁，他们或标准入水，或背后跳，或侧身翻下，或前、后跟翻下水，船上四层观看的游客都报以热烈的掌声。

这又让我想起了曼德拉的名言：“如果天空总是黑暗的，那就摸黑生存；如果发出声音是危险的，那就保持沉默；如果自觉无力发光，那就蜷伏于墙角。但不要习惯了黑暗就为黑暗辩护；也不要为自己的苟且而得意；不要嘲讽那些比自己更勇敢的人们。我们可以卑微如尘土，但不可扭曲如蛆虫。”虽然这次自己以“试水式”的“英姿”入水，但让我深刻感悟到凡事只要努力尝试，一定会取得最后的成功。

忆南极

刘卫东

南极探险把家还，新年成行叹艰难。
风声浪声嘀嗒声，鱼跃雪裂喜音欢。
鹅鲸天翁相见跃，利马水道夹道迎。
皑皑白雪割不舍，茫茫大海盼君来。

行程小Tips

1. 建议团友特别谨慎选择保险公司，因特别事故前往南极的交通及医疗费用较为昂贵。

2. 要遵守《南极条约》及各国考察站规定的南极环境保护条例，例如不触碰动物，不在南极吸烟等。

3. 南极包机（蓬塔阿雷纳斯往返乔治王岛此段）每人限定免费一个手提5公斤和一个托运15公斤，航空公司不接受超重行李单独付费。

4. 飞行前一天在蓬塔阿雷纳斯的酒店将会提供靴子和大衣。靴子不要在蓬塔阿雷纳斯穿，以免受到污染。在飞机着陆南极土地前，所有乘客必须穿上提供的靴子。

出行装备

1. 防风防水保暖外套 □
2. 保暖内衣 □
3. 抓绒或羊毛等保暖衣 □
4. 防水裤 □
5. 保暖袜子 □
6. 水靴 □
7. 防水背包 □
8. 防水保暖手套 □
9. 羊毛帽子 □
10. 羊毛围巾 □
11. 太阳镜（或雪镜） □

东哥带路公众号

东哥带路微博

“坐船去南极”示意图

值得推荐的“南极定制游”
（坐船去南极）

天数	行程与细节	交通	住宿
第一天	**广州—香港** 请贵宾于指定时间抵达香港国际机场集合，随后办理登机手续，乘搭卡塔尔航空豪华客机途经多哈及巴西圣保罗州飞往阿根廷首都布宜诺斯艾利斯。	飞机	飞机上
第二天	**香港—多哈—布宜诺斯艾利斯（阿根廷）** 转机前往阿根廷首都布宜诺斯艾利斯。抵达后入住酒店休息，调整时差。	飞机	Intercontinental Buenos Aires 或同级
第三天	**布宜诺斯艾利斯** 酒店早餐后，市区游览：外观世界三大剧院之一的科隆剧院、参观世界最宽的七九大道、为纪念阿根廷从西班牙获得解放而建的独立纪念碑、国会广场、外观欣赏布宜诺斯艾利斯大教堂、总统府（玫瑰宫）。玫瑰宫是阿根廷总统府的别称，因它的外墙漆成玫瑰粉红色，气派典雅，是阿根廷人的喜称。随后前往著名的前阿根廷第一夫人贝隆夫人陵墓，占地十五英亩，不少政商名人、巨星葬于此地。下午前往博卡区，探戈舞的发源地。		Intercontinental Buenos Aires 或同级
第四天	**布宜诺斯艾利斯—乌斯怀亚（阿根廷）** 酒店早餐后，搭乘飞机前往世界最南端乌斯怀亚，抵达后入住酒店休息。	飞机	Hotel Laslengas / Albatros 或同级
第五天	**乌斯怀亚（登 船）—比格尔海峡** 酒店早餐后游览世界最南端的国家公园——火地岛国家公园，它是世界最南部的一个自然区，雪峰、山脉、湖泊、森林点缀其间，古印第安人的草棚隐约可见，极地风光无限，景色十分迷人。（火地岛行程由船公司统一安排） 下午将前往码头登上M/V HONDIUS，起航途经比格尔水道，航向壮阔的德雷克海峡，开启唯美南极之旅。	船	游轮

天数	行程与细节	交通	住宿
第六一第七天	**德雷克海峡** 乘风破浪，朝南航行。通过位于南美洲大陆及南极半岛间著名水道德雷克海峡（Drake Passage）。南航约六百海里，将逐渐发现浮冰、冰山及海鸟、鲸鱼。德雷克海峡海洋生物资源丰富，船上特聘专家学者们分别举办讲座，介绍南极的生态环境，包括各种生长在南极奇特的鸟类、海洋生物等等。接近南极辐合带附近时，冷热水在此交汇，形成一片水雾，空气中也逐渐嗅出一股南极特有的清新冷空气味道，每一个人都精神一振，并期盼着即将看到的南极特殊景观。		邮轮
第八一第十一天	**探索南设得兰群岛 /南极半岛** 1819年英国探险家William Smith发现南设得兰群岛，他在航海日志中叙述此地为覆盖在冰雪之下的一片荒地，到处有大群海豹。岛群中“半月岛”和“活石岛”上有企鹅筑巢群栖，包括Chinstrap, Gentoo 及比较罕见的Macaroni。此外还有巨海燕、蓝眼海鸭、海鸥等，它们在海空中盘旋飞翔并多在悬崖峭壁上筑巢。南极唯有的两种植物苔藓、地衣类，也在岛上利用短暂的夏季期间茂盛地成长。我们将在此岛群中探寻企鹅、海鸟与海豹的行踪。在岛上的悬壁间，经常发现Gentoo企鹅栖息，雪白的南极燕鸥、大海燕、蓝眼鸭的巢穴等，对喜爱自然野生物的朋友而言，实在是置身野生动物园中。船长及工作人员将仔细分析每日情况，弹性安排每日活动，包括搭乘登陆小艇登岛，探访野生动植物群栖处、各国研科站区或具有历史性背景的遗迹。 库佛维尔岛（Cuverville Island），是南极洲半岛上最大的巴布亚企鹅领地。此岛屿周围的浅水区经常导致浮冰搁浅，堆成壮观的冰山。来到巴布亚企鹅聚集的库佛维岛（南纬64度40分，西经62度37分），四周已是冰雪一片。实际上库佛维岛是一个黑色的岩石岛，它静静地躺在Ronge 岛北部和阿克托斯基半岛之间的Errera水道中，在海水冲刷的岸缘可以看到黑色的礁石。		游轮

天数	行程与细节	交通	住宿
第八—第十一天	尼克港（NekoHarbour），是登陆南极大陆的入口之一，也是金图企鹅的聚集地，尼克港（NekoHarbour）安逸地平躺在众山环抱的安沃尔湾（Andvord Bay），雄伟壮观的冰川成为它天然的屏障。在到达专门饲养小须鲸的地方时，你就能完全体会到巍峨的安沃尔湾（Andvord Bay）和南极洲半岛的景致了。 洛克雷港（Port Lockroy），该港于1941年建成，曾是一个英国的基地，1962年被弃用，一直到1996年才被南极洲遗产基金会改建成为一座博物馆。在这个建筑周围筑巢繁衍的巴布亚企鹅已经成为这里的一道风景线。此博物馆设有邮局并出售些纪念品，还有卖一些衣帽、衬衫和明信片之类的商店。除了邮电服务以外，商店还为顾客提供了首日封和难得一见的南极邮戳。所有从洛克雷港（Port Lockroy）邮寄出去的信件均享有南极洲的特殊邮戳和免费邮寄的服务。 我们希望能够到达彼德曼岛（Petermann Island），1909年著名探险家Jean Baptiate Charcot乘一艘船“PourquinPas号”在此岛上过冬。岛上Adelie与Gentoo企鹅筑巢群栖。附近有一宽阔水面，因风向、洋流关系，常聚集了数百座的浮冰，大小、形状各异，十分壮观，我们称此为浮冰广场（Iceberg Plaza）。在航程中，将尽量协调参观各国在南极地区所设立的南极科学观察站或研究站，进一步了解南极对世界人类的过去、现在及未来扮演的重要角色。		游轮
第十二—第十三天	**德雷克海峡** 开始返北航行，经德雷克海峡，缓缓向乌斯怀亚（Ushuaia）推进，每人收拾行李，满载人生中最美好的一段回忆返航。		游轮
第十四天	**乌斯怀亚（下船）—布宜诺斯艾利斯** 早餐后抵达乌斯怀亚（Ushuaia），结束神奇的南极之旅。稍作整顿后前往机场飞往阿根廷首都布宜诺斯艾利斯，晚上欣赏阿根廷国粹——探戈秀，晚餐在探戈秀场内享用西式阿根廷餐点，品尝阿根廷烤肉。		Intercontinental Hotel 或同级

天数	行程与细节	交通	住宿
第十五天	**布宜诺斯艾利斯　多哈/杜拜** 酒店早餐后乘车前往著名的风景区老虎洲（TIGRE），抵达老虎洲后搭乘游艇，行驶于错落有致的、私人船坞林立的度假别墅之间，领略素有“南美威尼斯”之称的巴拉那河（RIO PARANA）流域的 DELTA 三角洲独特风景，下午前往游览玫瑰园，随后游览金属花雕塑，随后前往机场乘机飞往多哈/迪拜。		飞机上
第十六天	**多哈/迪拜** 抵达多哈/迪拜后，等待转机返港。		飞机上
第十七天	**多哈 / 迪拜　香港** 抵达香港，结束完美的旅程。		

温馨提醒：本书所载旅游线路仅供参考，具体以当时旅行社提供的资讯为准

服务热线：020-28865301，13392686898

欧亚非三大洲交汇处——以色列&约旦

以色列、约旦探秘之旅，特别是以色列首都耶路撒冷，让我至今心情难以平复，仿佛还沉浸在那神奇的地方。

难怪每年都有数以百万计的人来到耶路撒冷。

它是世上唯一拥有70个爱慕与向往的城市。

在古老地图上它是世界的中心点，即便现在也被人当作新娘子般地宠爱着。

它有无可抗拒的魅力，涤荡心灵、愉悦灵性，有趣更有乐。

下次再来到中东，我还选以色列：

如果泛舟，我要在加利利海；

如果迷失，我愿意在耶路撒冷；

如果哭泣，我要面对西墙；

如果行走，我将赴苦路；

如果告别，我不舍特拉维夫……

再一次，去感受圣地之美，

让我们尝试揭开有关“宗教”的神秘面纱。

第二辑

地利篇

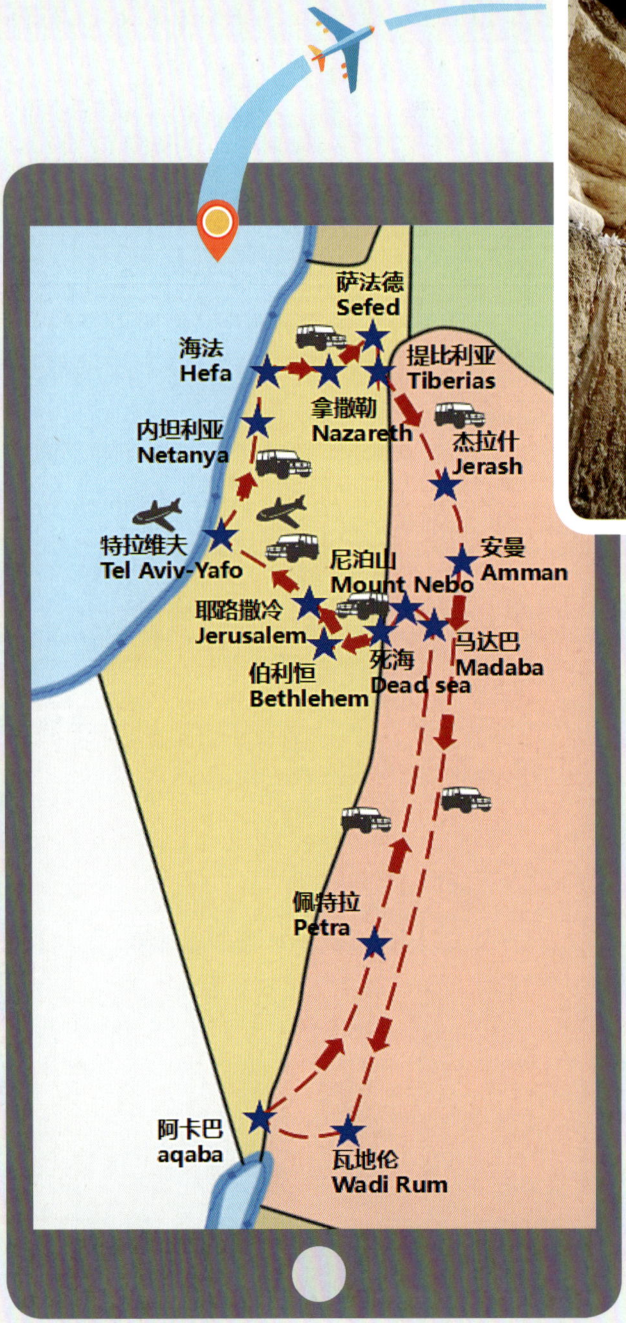
萨法德
Sefed
海法
Hefa
提比利亚
Tiberias
内坦利亚
Netanya
拿撒勒
Nazareth
杰拉什
Jerash
特拉维夫
Tel Aviv-Yafo
尼泊山
Mount Nebo
安曼
Amman
耶路撒冷
Jerusalem
马达巴
Madaba
死海
Dead sea
伯利恒
Bethlehem
佩特拉
Petra
阿卡巴
aqaba
瓦地伦
Wadi Rum

“探秘之旅”示意图

广州金秋十月，天气依然炎热，而远在中东地区的以色列和约旦依旧气候宜人，天高气爽，是旅游览胜的大好时光。由广州市良辰美景国际旅行社有限公司组织的“东哥带路”以色列约旦探秘之旅由东哥带路，国家高级导游宋权修任领队的一行23人于2018年10月28日出发。经过约12小时的空中飞行后，我们安全抵达以色列特拉维夫国际机场，展开为期10天的以色列约旦探秘之旅。

我们从香港乘坐以色列航空公司的航班飞到特拉维夫，再从特拉维夫驱车沿地中海岸游历了以色列的内坦利亚、海法、拿撒勒、萨法德、提比利亚，游历了约旦王国的杰拉什、安曼、佩特拉、瓦地伦、阿卡巴、尼泊山、马达巴、死海，还过境去到了巴勒斯坦的伯利恒。穿越隔离墙，折返以色列的耶路撒冷。据相关资料，这一带是天启宗教发源之地。至于天启宗教，又称亚伯拉罕诸教，说的是世界三大一神宗教犹太教、基督教、伊斯兰教，三者关系非常密切。我们在这个宗教气氛浓厚的地方近距离游历宗教圣地，接近教徒们的日常生活，体验宗教文化，了解宗教历史和当今世界政治的根源。

特别之处在于，我们从特拉维夫国际机场飞回香港后，是跨越刚刚建成启用不久的港珠澳大桥经珠海后再回到广州的，给整个行程锦上添花。

东哥期望大家能紧随《东哥带路》，深入以色列、约旦，探索耶路撒冷圣地，认识犹太民族、阿拉伯民族及其文化精华，进一步了解和认知这个世界。

来吧，让我们开启这一趟神奇的探秘之旅！

DAY 1 “流淌着奶和蜜”的迦南地区

（10月29日）

我们首先到了以色列最浪漫的地中海城市特拉维夫。该市是地中海沿岸港口，始建于1909年。在以色列建国两年以后的1950年，特拉维夫和雅法两市合并成立特拉维夫–雅法市。该市人口38.25万，市区面积51.76平方公里。

然后，我们来到以色列最大的港口城市海法，这里有“美丽的海岸”之称。

我们游览了海法的“巴哈伊空中花园”。巧夺天工的空中花园长约1公里，耗资2.5亿美元

巴哈伊空中花园

圣母报喜堂

圣母报喜堂内

依山而建，被人们誉为“世界第八大奇迹”，堪比巴比伦空中花园。花园中的金色圆顶巴布圣殿让人叹为观止。

海法市是以色列第三大城市，面积60平方公里，人口约2.67万。

我们来到拿撒勒的圣母报喜堂，这里是中东最大的教堂，据说是纪念天使加百列向圣母玛利亚报喜，确认其处女受孕怀上上帝之子耶稣的地方。

这里有两座教堂，一座是天主教的，一座是东正教的。天主教的教堂建于传说中玛利亚的故居上，里面展出历年来由各国基督徒赠给报喜堂的圣母像，极具历史文物价值。

“美丽的海岸”——海法

DAY 2 犹太教圣城萨法德

（10月30日）

萨法德小镇里的艺术家

我们来到萨法德，这是一座不折不扣的小城。海拔987米，背山而建。犹太人把萨法德视为与耶路撒冷、希伯伦、太巴列并列的四大圣城之一，现仍保留着浓厚的犹太民族传统特征。

萨法德是因为公元1—2世纪犹太教法典学者定居于此，成为犹太教发扬光大之地而被视为犹太圣地的。

到了16世纪，萨法德成为奥斯曼帝国统治下的犹太城市，当时散居在世界各地的犹太人从欧洲和北非等四面八方回归以色列并在萨法德定居，一些大拉比（犹太教导师）和犹太名人如约瑟夫・卡罗、摩西・特拉尼、伊萨克・路里亚等都曾在此居住。他们为后人制定了犹太教的一些律法和戒规，并成功地印刷了第一本希伯来语书籍。

到17世纪，萨法德有18所学校，21座犹太会堂，神秘主义宗教学者的活动则使这座山城一度成为希伯来神秘哲学运动的基地。许多犹太知识分子在萨法德孜孜不倦地致力于犹太民族文化的研究和传播事业，使该城成为近代犹太文化的中心。

萨法德小镇依山而建

现在的萨法德已成为一个纯犹太人的城市，原有的阿拉伯城区成为许多犹太艺术家聚居休憩和切磋技艺的地方。居民的装扮和服饰均是传统的犹太服，恍惚之间使人以为进入了古老传说中的犹太人社区。

犹太教，据相关资料起源于公元前2000年，以犹太民族为主的宗教信仰，以《圣经》旧约为理论依据，教规中有613条戒律，犹太人一般都必须遵守基本的“十诫”，正统的犹太人更是终身戴大盖黑帽、留须鬓、腰缠带丝等以示虔诚，严格遵守“安息日”的教规。即从每星期五太阳下山开始到第二天即星期六太阳下山前，不会从事任何形式的劳动工作，甚至连按动电钮开关之类的工作也不会做。

我们来到市中心公园远眺萨法德和加利利湖的全景。公园四周分布着中世纪欧洲十字军城堡的遗迹，附近有一座1948年第一次中东战争中犹太死难者的纪念碑。在艺术家区，犹太艺术家们自行制作工艺品出售。这里的建筑物依山而建，古色古香，是体验犹太文化的绝佳去处。

耶稣传教布道圣地——提比利亚

提比利亚据说是许多犹太拉比奔波一生之后暮年往往会选择的落脚点，潜心钻研学问，问道好施，度过他们生命的最后时光并葬身于此。这里有一泓湛蓝的湖水，加之山花烂漫，树影婆娑，使提比利亚成为以色列风光最美的城市。

在加利利湖湖畔，我们度过了一个和地中海边的热闹截然不同的宁静上午。

相传，耶稣创立基督教后就来到加利利湖的提比利亚传道，收了第一位门徒彼得。虽然彼得在耶稣被捕后，怕被连累，三次声称不认识耶稣。但在耶稣升天后，彼得在传播基督教方面是立下了汗马功劳的。

我们来到八福堂。八福堂建于八福山山顶上。八福山是加利利湖北岸的一座高高的山丘，在《圣经》中耶稣在此登山训众，圣训第一部分就是讲述八福，这座山因此而得名。耶稣曾向世人指明八种人是有福的："虚心的、哀恸的、温柔的、饥渴慕义的、怜恤的、清心寡欲的、使人和睦的以及为正义而受逼迫的。"

教堂呈八角形，用黑色玄武岩建成，周边的圆拱则是用拿撒勒的白色岩石建造，有八种颜色的玻璃窗，标志着八福。站在石柱围成的回廊上，近处是美丽的花园，远处则可眺望加利利湖。

宁静的加利利湖

出发加利利湖利利湖

八福堂

DAY 3 走进约旦

（10月31日）

哈德良拱门

约旦全称为“约旦哈希姆王国”。说到约旦，就会想起伊斯兰教。起源于公元7世纪的伊斯兰教，信奉唯一的神安拉，安拉指定穆罕默德为天启宗教最后一位使者，命他传达使命，日常生活要严格遵守五大功修，也就是：

一、每天祈祷五次——（1）晨礼，（2）晌礼，（3）晡礼，（4）昏礼，（5）宵礼。

二、要内心默认，口里作证安拉是唯一的信奉的主，穆罕默德是安拉的使者。

三、一生当中有能力的情况下要到圣地麦加朝觐一次。

四、每年要参加为期一个月的斋戒月活动。

五、个人收益利润部分要捐出2.5%以作公益。

公元633年穆罕默德突然去世，没有明确指定接班人“哈利发”的标准，最终形成了以其岳父为代表的以血缘关系指定“哈利发”的一派逊尼派，包括约旦、阿联酋等19个国家信奉逊尼派教义，占伊斯兰教徒八成的人口；另一派是以其女婿阿里为代表的主张选举产生“哈利发”的一派什叶派，以伊朗、伊拉克、巴林3国为主，占伊斯兰教徒两成人口。

井然有序的石质廊柱

走进阿拉伯国家约旦，我们游览了古罗马城市遗址杰拉什、“月亮之谷”瓦地伦、世界文化遗址佩特拉古城、圣山尼泊山，还在死海漂浮。下面，你会看到约旦旅游必做的四件事。

我们来到杰拉什古城，城内的古迹分别属于古希腊、罗马和拜占庭、阿拉伯和阿巴斯时期。罗马帝国统治时期，是杰拉什的黄金时期。

70年前，杰拉什埋藏在沙砾中已经长达1200多年，经过近70年的考古发掘和维护保存，大半个遗址才重见天日，由塔楼及四个城门所贯穿的城墙还依稀可以见当年的宏伟壮观，不愧为公认的全世界保存最完善的罗马时期城镇之一。

从哈德良拱门进入城内，古城呈现整齐有序的石质廊柱，宽敞的公共广场地面铺设了里外两层石材（内层较小，外层较大，分别属于不同时期），市场、浴池、喷泉仍可清晰辨认。

入城后不远处，就是供战马战车比武的露天广场，据了解可以容纳1.5万观众。值得一提的是广场两边铺了马赛克的一排商铺，若你不了解约旦历史，就会以为是养马的场地，其实这里在古代是一个商业发达的地方。

耸立于山顶两边的神殿和富丽堂皇的剧场有两组，也分别建于不同的时期，一年一度的杰拉什节在小一点的那个剧场举行。

DAY 4 月亮峡谷——瓦地伦

（11月1日）

约旦瓦地伦地区的沙漠有异于印象中的沙漠，它既是沙漠，又是峡谷，沙呈赤色，且沙漠中有气势磅礴的群山，砂岩山谷不高，大多10米左右但形状起伏，非常壮阔。这里是著名电影《阿拉伯的劳伦斯》及《夺宝奇兵》的主要拍摄地。

团友们在沙漠上作青蛙状排开

我们从大巴换乘4台丰田人货两用车，一路尘土飞扬走了20分钟，来到“劳伦斯”沙泉。抬头望去，峡谷的上方有水管引流至谷底，三五成群的单峰骆驼正聚在一起喝水。七八个团友下了车，选择骑骆驼向另一处峡谷挺进，丰田车则先他们一步绝尘而去，约半个小时后到达下一个峡谷。再看这里，沙漠上出现一个直角形的沙堆，远远望去，有半个埃及金字塔大小，有30米高，形态独特，据介绍是风力作用的结果。团友们在吉普车的上面一字作青蛙状排开，在沙漠落日映衬下，人类与自然和谐共处，饶有一番趣味。

月亮峡谷

黄昏，月亮峡谷别有一番美态。4台丰田车奔驰在宽阔的沙漠里，真的是风尘仆仆，半个小时后到了一座“沙桥”处——大自然鬼斧神工，一座小山丘经过常年的风化，形成了一座5米长的月牙状的沙桥，人走在沙桥上沙天一色、落日余晖相映照，一个浪漫的画面凸现眼前——沙泉沙丘沙桥，骆驼吉普青蛙。

当地人在“煲水饮茶”

DAY 5 摩西出埃及记后“点石出水”的古城佩特拉

（ 11月2日 ）

佩特拉古城也被称为“玫瑰城”，这是因为古城中大部分建筑物上用以雕刻的岩石，都呈现出一种美丽的红色。

佩特拉古城大约建于公元前4世纪，几乎全在岩石上开凿而成，周围悬崖绝壁环绕，入口是一条长约1.5公里的狭窄峡谷通道，名为“蛇道”。峡谷最宽处约7米，最窄处仅2米。一道凯旋门曾经横跨于入口处。两条水道沿着岩石两侧延伸。佩特拉人民精于水利工程，善于导引和集存雨水，供长途骆驼商队饮用。如此特殊才能，让他们纵横行走于中亚大沙漠，无人可匹敌。

我们来到Bab西克峡。“Bab Al Siq”是阿拉伯语“通往西克峡谷”的意思。这里有三块巨大的神灵石，由岩石雕刻成方形。这里还有一座墓，墓的上面有四座金字塔以及一座壁龛浮雕像，象征埋葬于此的五个人。下面是一座宴会厅。对面峭壁是以纳巴泰语和希腊语题写的墓葬纪念碑。

西克峡谷

西克峡

除了作为佩特拉特别的入口，西克峡谷还保有许多佩特拉古城的文物，包括Sabinos Alexendros站点以及纳巴泰圣石。

西克峡谷通向佩特拉古城最宏伟的建筑卡兹尼神殿。古城的核心是一个大广场，广场正面

卡兹尼神殿

佩特拉古城的剧场

就是凿在陡岩上的宏伟的卡兹尼神殿。

卡兹尼神殿高近40米，装饰有精致的科林斯式柱头、带状雕饰以及人物等。顶部为陪葬骨灰瓮，根据当地的传说，里面可能隐藏着法老的宝藏。

大广场另有一座能容纳2000多人的罗马式露天剧场，舞台和观众席都是由岩石雕凿而成的。城中还有许多寺院、住宅、浴室、墓窟等，大多也是凿山而建。

祭坛的山脚下为雕刻而成的剧场，剧场有三排座位，中间由通道隔开。登上七阶楼梯可到达会堂，可以容纳4000名观众。舞台后墙由罗马人重建。它是世界上唯一由岩石雕刻而成的剧场。

DAY 6 尼泊山上摩西的权杖

（11月3日）

游览尼泊山，瞻仰传说中活到120岁的摩西的埋葬之地，也是约旦最受尊崇的圣地遗迹。据说摩西在这里看到了整片应许之地。

我们的车停在半山腰，然后从宽敞的山径登上尼泊山。步入山门，迎面是一座约10米高的砂岩雕塑，上面刻有耶稣、摩西、穆罕默德三人的形象。

砂岩雕塑的旁边，有一块直径约1米的圆石，在边上有一块长方形的石碑，上面刻着英文说明，大意是：这块圆头叫“THE ABU BADO”，据说是尼泊山下修道院内的一块装饰屏风，修道院是公元1世纪修建的，修道院被

一座约10米高的砂岩雕塑

尼泊山上的圆形石饼

毁后人们从残垣断壁中找到圆石，把它搬上尼泊山顶，摆放在山顶北面。这块圆石直径约1米，厚半米，实心，在东哥眼中是一块“灵石”，遥望着山坡上一片小绿洲——摩西泉眼处（绿洲的周边全是荒凉戈壁），像是有千言万语要向世人诉说。还有另一种说法：这块圆石头是摩西升天之前住的石窟大门。

在尼泊山山顶上远眺，山脚下有一片绿色植被明显区别于其他戈壁山地，那就是摩西山泉所在的地方，摩西的蛇形手杖高高耸立在山顶西侧。据说当年摩西率领以色列人从埃及来到尼泊山，以杖击石得到泉水，分给12个犹太部族，使得犹太人在这沙漠之中得到泉水而挽救了生命。而由于摩西用杖击石违背了神的旨意，所以尽管摩西哀求耶和华说：“求你容我过去，看约旦河那边的美地，就是那佳美的山地和黎巴嫩。”而耶和华还是说：“你不能过这约旦河。”于是，摩西只能在这里遥望迦南，而终生未到圣城耶路撒冷。

尼泊山上，还有一座最早建于公元4世纪的纪念摩西的教堂，主楼地板由9米×5米见方的马赛克地砖铺成，美轮美奂，保存相当完好。

摩西的蛇形手杖

死海其实是盐湖

死海位于约旦和以色列交界处，是世界上海拔最低的内陆盐湖，湖面海拔-422米，最深处达380米，故最深处湖床海拔-800米，湖水盐度达300克/升，是一般海水的8.6倍。该湖长67公里，宽18公里，面积810平方公里。即使不善游泳的人来到死海也可在水面之上自在漂浮。死海的盐水含有数百种矿物质，对人体皮肤有保健作用。据说，以色列著名的护肤、美容化妆品的制造原材料，均来源于死海。

保存完好的马赛克地砖画

在死海漂浮看书

享受死海海底泥的护肤

死海石头上的结晶盐

观赏死海的落日

DAY 7 耶路撒冷的“美与哀愁”

（11月4日）

耶路撒冷被称为“世界中心的中心”，是中东的心脏，是《圣经》所述的“流淌着奶和蜜的迦南地”。这里是世界三大宗教犹太教、基督教、伊斯兰教的发源地，是犹太民族和阿拉伯民族共同的家园。这里是两河流域、小亚细亚、古埃及巴比伦等古文明包围的文明之地，也是当今世界冲突的一个焦点之地。这里是犹太国度以色列的首都，奥斯曼帝国辖下的行省，同时也深受伊斯兰文化的影响。犹太教经典《塔木德》中有一句很美的话：“世界若有十分美，九分在耶路撒冷。”后人加上一句同样更美的话：“世界若有十分哀愁，九分在耶路撒冷。”在《圣经·旧约》中，以色列乃是上帝允诺给摩西及其后人的“流淌奶与蜜之地”。让我们一起随着东哥的脚步，一起走进这个“九分美”“九分哀愁”的耶路撒冷，感受它的神秘力量。

我们花了三天时间在以色列的兴衰见证地耶路撒冷游览，它位于以色列近东黎凡特地区，在地理上位于犹大山地，介于死海与地中海之间。

历史上的耶路撒冷是犹太教、基督教、伊斯兰教的发源地，这三个宗教统称为“亚伯拉罕系宗教”。这里凝聚了世界上犹太教、基督教和伊斯兰教信徒们的精神归宿，是传说中的世界末日时弥赛亚救世主出现并进行末日宣判，令善人复活得救的圣地。

在耶路撒冷，有众多不同宗教特色古建筑同时并存的奇景。来到耶路撒冷，你可以看到犹太教的教堂，各流派风格的基督教教堂、天主教堂，也可以看到伊斯兰教的清真寺。由于耶路撒冷保存着三大宗教的众多圣物和遗迹，也是三大宗教信徒的向往之地和朝圣之所，所以三大宗教文化都在耶路撒冷古城得到体现，和平共处，互相尊重。

耶路撒冷经历了历史上多次宗教战争，包括以天主教为代表的西方宗教势力的五次十字军

橄榄山上的犹太公墓

在橄榄山上眺望圣殿山

大卫王墓

东征，以伊斯兰教为代表的阿拉伯及奥斯曼帝国的统治。耶路撒冷融合了世界东西方文化的精髓和三大宗教的精华，深远地影响着历史和当今的世界文化和政治格局。

耶路撒冷被视为世界的中心，是不同文明、不同宗教冲突的战略角斗场，是无神论与有神论交锋对峙的前线。甚至有人说，耶路撒冷的历史是整个世界的历史，观察耶路撒冷就是在考量这个世界的历史。不仅如此，耶路撒冷的历史还是天国和尘世的历史。

到以色列旅游必做的“七件事”和必去参观的圣地、圣迹、遗址等大部分都与耶稣有关。

据说耶稣来到圣城不到一周，与十二门徒在“马可楼”共进最后的晚餐后，被其中一位门徒犹大出卖，当天晚上被罗马士兵抓获，被扣押在“鸡鸣堂”，次日即被押往罗马广场受审，审判后押赴刑场，其间经过十四站苦路（前九站在教堂外，后五站在圣墓教堂内）到达“圣墓教堂”所在地的刑场，最后被钉死在180斤的十字架上。

基督徒们都相信，耶稣死后三天复活，其后40天在加利利地区出现三次。据说，欧洲基督徒仇视犹太人，是与耶稣被犹大告密出卖而被罗马人抓获并被钉死在十字架上的传说有关。这也是《圣经》研究的重要课题之一。

东哥到过耶路撒冷后有个感受：耶路撒冷的历史地位将是无法改变的，它的确是值得朝拜和游览的圣地。不到耶路撒冷城，真会终生遗憾！

在耶路撒冷我们将沿着历史与文化、宗教与艺术的两个主题漫步城中。有诗人作诗：“我们曾在巴比伦的河边坐下，一想到锡安就哭了”。锡安山是耶路撒冷两大圣山之一，另一个是橄榄山。最后晚餐厅、圣母安眠堂、大卫墓等著名遗迹均位于锡安山上。

我们探访了以色列大卫王的墓。在以色列所有国王中，大卫王被描述为最正义的国王，并且是一位伟大的战士、音乐家和诗人。对于犹太人来说，这里是仅次于哭墙的最神圣的地方。

鸡鸣堂是《新约圣经》上记载的在耶稣被捕后其最贴身的门徒彼得三次不认主的地方，此地当时是大祭司该亚法的府第，耶稣被犹大出卖之后就被关押在这座府第的地下室里，他在这里接受了审讯并被暂时监禁在这里。

据说，圣母安眠堂是圣母玛利亚最后离开人间升入天堂的地方。

圣母安眠堂

鸡鸣堂

用伯利恒银星以表示耶稣出生的地方

DAY 8 寻找耶稣的足迹

（11月5日）

英国历史学家凯伦·法林顿写的《宗教的历史》一书中有这样一段：“无人知晓耶稣何时诞生，12月25日曾是一个异教的盛大庆典。毫无疑问，这个曾是光明之神密特拉的信仰者们最为重要的日子，却被早期的基督教徒拦路抢走，作为他们信仰皈依的策略之一。”不过，这话无损于这个节日对于基督教徒的特殊意义。它象征着上帝如何将自己唯一的儿子作为礼物赐予世人，然后这位圣子耶稣又如何将爱和光明带给世人。

也就是说，我们根本就不知道耶稣是哪一年哪一天出生的。现在的公元元年是6世纪时订立的。据说当时东罗马为了修订历法，以替代混乱的罗马历法，就请当时精通天文的僧侣提出一个更合理的纪年标准，由于自君士坦丁大帝以后罗马帝国举国改信基督教，僧侣就决定以耶稣出世的年份为新纪元元年。僧侣基于《圣经》上“耶稣被处决时约30岁”的说法，就在耶稣被处决那一年的年份减去30作为新纪元的元年。后来经过研究发现，耶稣是在公元前4年前后出生的。但是，世界各国已认同耶稣出生之年为“公元元年”，便一直沿用至今。

现代西方的许多节日都与耶稣的经历有关。如12月25日圣诞节是耶稣的生日；每年春分月圆之后第一个星期日是复活节，相传是耶稣死后复活的日子。诸如还有耶稣受难日等。可见，西方的日常生活离不开耶稣。

我们追随耶稣的脚步来到耶稣的出生地——圣诞大教堂。

按照现在流行的说法，耶稣公元前4年出生在伯利恒“圣诞教堂”，地处约旦河西岸地区，现由巴勒斯坦法塔赫控制。基督教信徒们在耶稣出生的地方修建了一座教堂，人称“圣诞教堂”，是圣徒们必来朝拜的地方。耶稣在“圣诞教堂”所在地出生，在家乡拿撒勒地区长大，30岁离开家乡到加利利地区布道，33岁来到耶路撒冷。圣诞大教堂位于巴勒斯坦约旦河西岸城市伯利恒，是伯利恒一处主要的基督圣地，也是留存至今的最古老的基督教堂，现在由罗马天主教、希腊东正教和亚美尼亚教会联合管理。2012年，被列入世界文化遗产名录，这是联合国教育、科学及文化组织新成员巴勒斯坦首次成功“申遗”。

我们从以色列沿着隔离墙经过以色列人设立的检查站（离开以色列无须检查，进入则要查车），大约再开车半个小时才到达该教堂。

教堂内东正教式的内部装饰四周挂满了精致的马赛克名画。在教堂的宣讲台下面，就是基督教界闻名的“伯利恒的星洞遗址”。耶稣出生的马槽出入口是从宣讲台的左边进、右边出，呈“八”字形结构，走下楼梯约3米就是耶稣的出生点。根据讲解员介绍耶稣妈妈玛利亚是在马槽上下楼梯交汇处（现由一颗伯利恒星标出的地方）产下耶稣的。后被放置在旁边这个长13米、宽3米的地下岩洞中的一个泥马槽里，凸出部分就是耶稣出生不久睡过的石质马槽（现用玻璃隔离）。后来，泥马槽被人用银马槽所替代，再往后，银马槽又被换成了一个大理石圣坛，上面镶嵌着一枚空心的14角伯利恒银星以表示耶稣出生的具体位置，并镌刻着拉丁文铭文：圣母玛利亚在此生下基督耶稣。信徒们以抚摸、跪拜该位置为一生大幸。常年有世界各国的基督徒到该教堂朝圣礼拜。我们一行人要排队轮候近两个小时，才有幸亲眼看见传说中的耶稣降生的位置。

现在在星星标志上面有供奉其出生的画像，马槽四周也挂满了应景名画，马槽旁挂着15盏属于基督教各派并在不同时间点燃的银制油灯闪烁照亮了整个房间，昼夜不灭地映照着这块狭小却牵动10多亿基督徒的神圣角落，仿佛诉说着上帝之于人类圣洁的爱。众多信徒排队轮候几个小时到该圣地拜祭触摸，其虔诚之状令人动容。

耶稣出生不久睡过的石质马槽

重走耶稣的十四站苦路

我们登上了橄榄山，俯瞰耶路撒冷的全景之美。

万国教堂是在 1924 年完工祝圣的，是为纪念耶稣时做祈祷的圣堂。

我们走过耶稣苦路14站，去感受耶稣当年被出卖后的历史。从耶稣被捕到次日审判即押赴刑场执行十字架行刑处，从审判的第一站到耶稣被钉死在十字架上，到用裹尸布裹尸入石棺止共经历了14站苦路，前9站在圣墓教堂前，后5站则在圣墓教堂内。

第一站，耶稣受审，耶稣站在彼拉多前，接受死刑判决；第二站，耶稣受辱定罪；第三站，耶稣身带鞭痕，不堪沉重的十字架而第一次跌倒；第四站，耶稣遇见母亲玛利亚；第五站，古利奈人西门帮耶稣背十字架；第六站，妇女薇若妮卡为耶稣擦汗；第七站，耶稣第二次跌倒；第八站，耶稣安慰耶路撒冷的妇女们；第九站，耶稣第三次跌倒；第十站，耶稣被钉在十字架上；第十一站，耶稣宽恕忏悔的囚犯；第十二站，耶稣死在十字架上；第十三站，耶稣尸体从十字架卸下及埋葬；第十四站，耶稣复活。

我们来到耶路撒冷基督教的圣地圣墓教堂。

圣墓教堂是耶稣苦路后5站的延续，在东正教称为“复活教堂”。基督徒普遍认为，圣墓教堂建在《新约圣经》描述的耶稣基督被钉死和被埋葬的地方，也是苦路14站中的最后5站。第14站据说是耶稣“圣墓”入口处的石棺。当然，石棺“应该”是空的，因为耶稣已经复活了。从公元4世纪起，此处即成为基督教的朝圣重地。

登上橄榄山

万国教堂

克西马尼园——耶稣被捕之地

我们来到了哭墙，也就是西墙。

对于犹太人来说，耶路撒冷旧城中最神圣的地方莫过于3000多年以前，由所罗门建造的供奉“十诫”法柜的圣殿，圣殿曾先后被巴比伦和罗马人摧毁，现在只留下庭院西边的一段围墙，也就是举世闻名的西墙，又叫哭墙（the Wailing Wall）。

传说当年罗马人焚烧圣城时，有6位天使坐在墙上哭泣，泪水粘结石缝，大墙因此永远不倒。西墙是犹太人心中民族不灭的象征，罗马人占领耶路撒冷时，犹太人常聚集在这里哭泣。此后千百年来，流散到世界各地的犹太人，每当回到圣城，必然来到墙前手握经书，低声哭泣，默默祈祷，更有人将写上祈祷字句的纸条塞入墙壁

跪拜耶稣的停尸板

来到哭墙必不可少的是“哭一哭”

石缝中。历经千年风雨和朝圣者的触摸，西墙浸透了犹太人的泪水而泛着幽光，如泣如诉，成了名副其实的哭墙。

进入哭墙祈祷，是男女有别的。男士进入广场前必须戴上传统犹太帽子，因为信仰犹太教的人认为不能直接与上帝接触，所以头上必须戴小帽，表示与上帝隔开。女士无须蒙头，但在祷告后需要面向哭墙一步步退出祷告区域，以表恭敬。

由于圣殿山不能进入参观，所以我们只能在圣殿山的外观进行参观，瞻望圣殿山岩石圆顶清真寺。

圣殿中有犹太教最神圣的地方——按照上帝的旨意修建的壁龛，作为上帝在人间的居所，第一圣殿时期里面存有约柜，第一圣殿被毁后约柜从此下落不明。

按照流行的说法，圣殿山就是圣经里的Mt.Moriah。圣殿山上金顶寺里面有一块大石头，Foundation Stone，传说上帝从这块石头上收集泥土创造亚当，亚伯拉罕在这块石头上几乎献祭了自己的儿子，穆罕默德在这块石头上升天，面见上帝，然后上帝给了他穆斯林每日祈祷的细节。石头上有个脚印，据说穆罕默德升天时那块石头也想一起升天，于是穆罕默德一脚将石头踢了下去，然后留下了这个脚印。石头上有一个洞，洞通向石头下的一个洞

岩石圆顶清真寺

印记

穴，有“灵魂之井”之称。据说灵魂是在这里等待末日审判。

来到耶路撒冷，我们不能不到“大屠杀纪念馆”，去祭奠那600万死难的犹太人。历史上恨犹、反犹、排犹事件时有发生。英国作家莎士比亚笔下的《威尼斯商人》就是对犹太人金融家的嘲讽。历史上最为惨烈残暴的对犹太人的大屠杀发生在第二次世界大战期间。设在耶路撒冷的“大屠杀纪念馆”，就是为了纪念在二战的大屠杀中殉难的600万犹太人。

纪念馆内所陈列的实物、图片、影像等，真实地体现了那个年代犹太人被奴役、被屠杀的悲惨历史。纪念馆的原名Yad Vashem来自《圣经》：“我必使他们在我殿中、在我墙内、有纪念、有名号、比有儿女的更美。我必赐他们永远的名、不能剪除。”“有纪念、有名号”的希伯来语原文发音为“yad va-shem”。

我们敬佩犹太人，他们自强不息，虽被驱逐出始发地区，被迫流散在世界各地，但他们却以《圣经》为纽带联结在一起。世代为实现回归故地耶路撒冷而奋斗不息，终于在1948年4月15日在耶路撒冷建立以色列国，实现了世代犹太人在祖先生活过的迦南地复国的梦想。

在以色列，除阿拉伯公民以及犹太教“超正统”人士之外，所有18至29岁的男性公民、18至26岁的女性公民都需服兵役。兵役期一般男性为3年，女性2年。此外，男性在服满3年兵役后，每年都需重新回到军营，参加为期10天的特别训练。因此，街上、公交上经常能见到身着军装的年轻人。因枪不能离身的规定，还会见到不少军人背着枪到处走，甚至还有休假中的军人身穿短裤背心背着枪出现在酒吧、海滩等地，颇具地方特色。

我们有幸亲身经历和见识了以色列人的成人礼。

以色列人一生有四个重要时刻：一是出生八天的割礼，二是成人礼（成人礼的举行时间女孩子是12岁，男孩子是13岁），三是订婚礼，四是葬礼。

带枪的军人

隆重又充满仪式感的成人礼

在耶路撒冷，小孩子的成年礼非常隆重。全家所有成员和“小寿星”一起来到哭墙，成人礼就在这个神圣的宗教圣地完成。我们一行有幸目睹了在哭墙广场举行的男子成人礼。真是相当震撼，场面庄严、隆重、热闹而又充满仪式感。鼓乐齐鸣，全家老少及亲朋好友齐出动，浩浩荡荡，寄托了长辈家人对孩子的祝福和期待。

DAY 9 告别“七支烛台”的国度

（11月6日）

我们来到国会大厦。在国会大厦前，有英国政府赠送给以色列政府的七支烛台。七支烛台与国会大厦，是来到耶路撒冷的游客都喜欢的去处。

七支烛台，现在是犹太教的徽号和现在以色列国国徽的中心图案。两千多年前，七支烛台是耶路撒冷圣殿山犹太第一圣殿中供奉的三种特别圣物之一（另两个分别是生命树和六芒星——大卫之星）。

据导游讲，《圣经》有多处七支烛台的记述，而第一支烛台由以色列著名的工艺匠人比撒列用黄金制作。七支灯盏中中间一支略高于两边的六支，它代表安息日，其余六支代表上帝创世的六天。烛台成为耶路撒冷圣殿中的圣器。有一种说法，公元前588年，犹太第一圣殿被巴比伦王所毁，七支烛台也被巴比伦王带至巴比伦，不知所终。1948年以色列建国的时候，将七支烛台定为以色列国的国徽。

英国政府赠送给以色列政府的七支烛台

雅法古城港口偶遇彩虹

雅法古城的大街小巷

我们来到以色列最浪漫的地中海城市特拉维夫。

沿地中海，我们来到雅法古城。雅法古城是世界上最老的港口，依山而建的古老街区和教堂诉说着古城的历史，而据说，建筑的内部聚集着顶级的以色列艺术家，画廊、珠宝商店、古董商店，漫步其中，体会以色列现代艺术的魅力，凄美的传说和抽象的现代艺术相结合，沿古城地中海街道远眺特拉维夫的高楼林立，感受历史的沧桑。

我们要离开了，再见，以色列！再见，约旦！我们会再来的。

团友们普遍反映，此行实地游览了世界文明发源地之一的以色列、巴勒斯坦、约旦，探访了犹太教、基督教、伊斯兰教三大宗教发源地的耶路撒冷，领悟到了历史上不同宗教、不同文化冲突乃至当今世界政治、经济、文化冲突的历史渊源，游历了从圣母玛利亚无婚受孕到耶稣出生、生活、创立基督教并布道、传道后被钉十字架殉道、最后复活升天的历史遗迹，一幅幅历史的、现实的画卷展现在眼前，波澜壮阔，不枉此行。

东哥带路真经

这次西亚之行，游历神秘国度，感受颇多，除了上述内容，还有一些逸闻趣事可以和大家分享一下，可以作为下次旅行的谈资噢。

没有国土面积的以色列地图

看以色列地图，那是没有标明国土实际面积的，其中一个原因是以色列很难界定面积，境内隔开巴勒斯坦地区分有隔离墙和一般铁丝网围墙两个部分。围墙里面也还有以色列数以百计的定居点，所以面积很难计算。其次，以色列1948年建国以来因为多次战争等，国土面积也经常有变化。所以，在世界地图册上绝无仅有，以色列是没有标明国土面积的。

以巴隔离墙

哭墙隧道——哭墙的下半部分

哭墙还有埋在地下的一半

现在的哭墙原来是由地上、地下两大部分组成。随着岁月的流逝，由于地沉、地震等因素，就造成有一半墙体被埋没在地底下。经考古发掘，哭墙现有大约一半已经修葺好，被地面上的玻璃上下分隔起来。其实，哭墙的地上、地下部分，是差不多一样高。

从橄榄山眺望圣殿山，可看见远处的旧城墙里圈出的岩石圆顶清真寺和阿克萨清真寺

圣殿山其实不是山

这次我们是实地游览，从橄榄山看过去对面的圣殿山，圣殿山就在耶路撒冷的旧城里面，圣殿山其实不是一座山，就是旧城里面的一处高坡。它坐落在4.5公里长的旧城墙圈出的面积0.9平方公里的老城里面，在一个长488米×宽300米的长形建筑群高处。以前，这里就是第一圣殿、第二圣殿的地方，现在是岩石圆顶清真寺和阿克萨清真寺的所在地。

约旦河以西，这里是耶稣洗礼的地方

世界闻名的滴灌技术

一路上我们看到，很多属于以色列的地方绿树成荫，一片绿油油的景象。原来这里使用的滴灌技术很特别，将水直接通过水管安插到每棵植物的根部，水管定时定候供水，树木便不会枯萎，我们便在沙漠上看到了不一样的绿洲。同时，大家都不敢相信，以色列是一个出口蔬菜、种子的国家。

悬挂在半空中的橘子树，利用滴灌技术来保持常青

可饮用的淡化海水

以色列的饮用水60%是来自加利利湖，40%是通过海水淡化技术。现在，加利利湖水位每年都在下降，加上交通不便，如今大部分用的是地中海的净化海水，达到饮用的标准。据介绍，以色列海水净化技术全球领先，并且销往世界各地。

以色列的饮用水60%来自加利利湖

犹太标准食品和吃法

在以色列的酒店、饭店，对食物均有严格要求，规定不吃猪肉，肉制品和奶制品不能同时食用，刀叉必须彻底清洗区分，不能混合使用。

严格把控的犹太标准用餐要求

安息日犹唱“空城计”

每周五落日后至周六日落日前，是以色列犹太教的安息日。这段时间全国各地大部分地区停止工作，大巴停运、城轨停开、飞机停航，甚至连打电话和按电制开关均禁止，以色列城市仿如“空城”。据说，《圣经》记载上帝只造了一周六天，故多出的一天是休息日。

通过《圣经》寻回失落的东西

1948年建国的以色列百废待兴，很多名胜古迹只剩残垣断壁，大部分沙漠上的土地贫瘠，植物种类消失。可是，聪明的犹太人通过《圣经》的描述，找回并修葺好了《圣经》上记载的30％古迹，这些古迹经过一番包装后重新展现在了世人面前。同时，从世界各地找回失去的植物，利用本国的滴灌技术，在干旱的迦南土地上让它们重新发芽生长，营造出一片欣欣向荣的景象。

安息日街头

行程小Tips

1. 以色列和巴勒斯坦大部分地区常年日照强烈，防晒措施必不可少。尤其是在前往海滩、马萨达、死海等地，更是要涂好高倍数防晒霜，以防晒伤。冬季多雨，需备好雨具。

2. 以色列和巴勒斯坦与北京的时差为-6小时（夏令时-5小时）。

3. 大部分宗教场所对着装都有一定要求，比如女性裙子必须过膝、必须遮住肩膀等。前往参观时应尊重其宗教习俗，穿着不得过分暴露。

4. 在公共场合不要大声喧哗，不要随意和别人搭讪，尤其是穿黑袍戴黑色高帽的极端正统派人士。

出行装备

1. 防晒霜、防晒帽 ☐
2. 护照、签证、身份证 ☐
3. 单反、三脚架 ☐
4. 牙刷、牙膏、拖鞋 ☐
5. 急救小药包 ☐
6. 雨具 ☐
7. 转换插头 ☐

以色列约旦深度游示意图

东哥带路公众号

东哥带路微博

东哥推荐的以色列约旦深度12天游

天数	行程与细节	交通	住宿
第一天	**广州—香港—特拉维夫** 于广州指定地点集中出发，乘专车送抵码头，乘船前往香港国际机场。随后于机场内办理安检及登机手续。晚上搭乘以色列航空航班，飞抵以色列特拉维夫。当天晚上抵达特拉维夫后，导游接机并介绍当地风俗习惯，随后入住特拉维夫。	飞机	飞机上
第二天	**特拉维夫—海法—拿撒勒—戈兰高地—提比利亚** 早餐后前往海法，参观被联合国教科文组织列为世界遗产景点、有空中花园之称的巴哈伊花园。驱车前往拿撒勒，参观拿撒勒天使报喜堂，圣母玛利亚的故乡。前往戈兰高地本塔尔山瞭望以叙边境。下榻提比利亚。	飞机 + 专车	当地四星酒店
第三天	**提比利亚—SHEIK HUSSEIN—安曼** 早餐后来到耶稣行传教的中心城镇迦百农，参观2世纪犹太教会遗址。然后出发前往参观圣彼得受职堂，继续前往耶稣传讲山边宝训的八福山，参观八福堂。享用彼得鱼特色午餐。随后送往SHEIK HUSSEIN边境。 过关进入约旦，送往安曼酒店，下榻安曼。	专车	当地四星酒店
第四天	**安曼—杰拉什—佩特拉** 酒店早餐后，参观古罗马剧场——3世纪所完成的剧场，全部以石块堆积而成，历经一千余年至今仍为音乐表演会的场所。这是安曼市内最引人注目的历史遗迹，位于安曼下城区中心位置。随后游览城堡山丘，于此远眺安曼城区风光，只见白色房屋层层叠叠，不愧其“白色之都”美誉。前往杰拉什参观古罗马遗迹。 随后驱车前往佩特拉，抵达后下榻佩特拉。	专车	当地四星酒店
第五天	**佩特拉—死海** 早餐后游览佩特拉——又称沙漠中的玫瑰，整个城市中的建筑全部是用粉红色的砂岩建成，岁月风沙的侵蚀更使阳光下的佩特拉呈现出梦幻般的异彩。主要景点有：西格——悬崖峭壁间的一条狭长蜿蜒的走道；卡兹纳，意为“宝藏”；费萨德大街、大法院、古罗马圆形剧场。 前往死海，体验死海漂浮，感受死海漂浮的乐趣。下榻死海。	专车	当地四星酒店

天数	行程与细节	交通	住宿
第六天	**死海—ALLENBY边境—EIN GEDI基布兹—密兹比拉蒙** 早餐后前往ALLENBY边境，过关进入以色列。随后前往EIN GEDI基布兹参观了解以色列农业。前往密兹比拉蒙，抵达后酒店入住。	专车	当地四星酒店
第七天	**密兹比拉蒙—马萨达—耶路撒冷** 前往游览惊人的天然奇观雷蒙天坑(Ramon Crater)，又俗称大弹坑。这里是东非大裂谷的延伸地带，亚欧板块、印度洋板块与非洲板块的碰撞加上风力和雨水的侵蚀，使这里露出了震撼的地层，景色堪比美国科罗拉多大峡谷，而沙漠的景观又勾勒出另一番美景，地质奇景让您叹为观止。参观马萨达，乘缆车到希律王遗迹的堡垒顶部和犹太教徒反抗罗马的最后要塞（联合国教科文组织确认的世界文化遗产）游览。 前往耶路撒冷，下榻耶路撒冷。	专车	当地四星酒店
第八天	**耶路撒冷—伯利恒—耶路撒冷** 早餐后前往耶稣诞生之圣地伯利恒，参观主诞教堂，随后返回耶路撒冷。外观国会大厦及国会山大烛台。晚餐后特别安排观看在大卫王墓表演的“大卫灯光秀”。 下榻耶路撒冷。	专车	当地四星酒店
第九天	**耶路撒冷** 登上橄榄山俯瞰耶路撒冷全景，走过棕榈大道。随后参观万国教堂、喀西玛利园。展开耶路撒冷（老城）游览：参观苦路、哭墙、圣墓教堂，外观伊斯兰教圣殿山，游锡安山、鸡鸣堂。 下榻耶路撒冷。	专车	当地四星酒店
第十天	**耶路撒冷—特拉维夫** 早餐后参观以色列犹太大屠杀纪念馆，游览mahne Yehuda市场（约1.5小时）——这里是游客们最喜欢的购物天堂，里面有犹太人、阿拉伯人和基督徒等各色有意思的商品与食品，从新鲜的农产品到新鲜鱼肉，从糖果、土耳其蜂蜜糖到犹太文物，以及传统和现代风格皆有的肉类餐厅、果汁吧和传统的中东风味面包房等。 前往特拉维夫，入住特拉维夫酒店。	专车	当地四星酒店

天数	行程与细节	交通	住宿
第十一天	**特拉维夫—香港** 酒店早餐后参观位于市中心的市政厅门前的拉宾广场——这是以色列最大的公共广场。参观世界上最古老的港口，地中海的雅法——这里是以色列艺术家聚居的地方，大家可以在地中海海滩悠闲漫步，感受当地这种特殊文化氛围。前往以色列钻石交易中心参观以色列钻石博物馆，了解世界顶尖的钻石切割技术。随后送机场。 备注：以色列要求提前3小时抵达机场安检。故当日晚餐敬请自理。		飞机上
第十二天	**香港—广州** 安全抵达香港国际机场，乘船返回指定码头，专车送回广州市区指定地点后散团，结束旅程！	专车	当地四星酒店

温馨提醒：本书所载旅游线路仅供参考，具体以当时旅行社提供的资讯为准

服务热线：020-28865301，13392686898

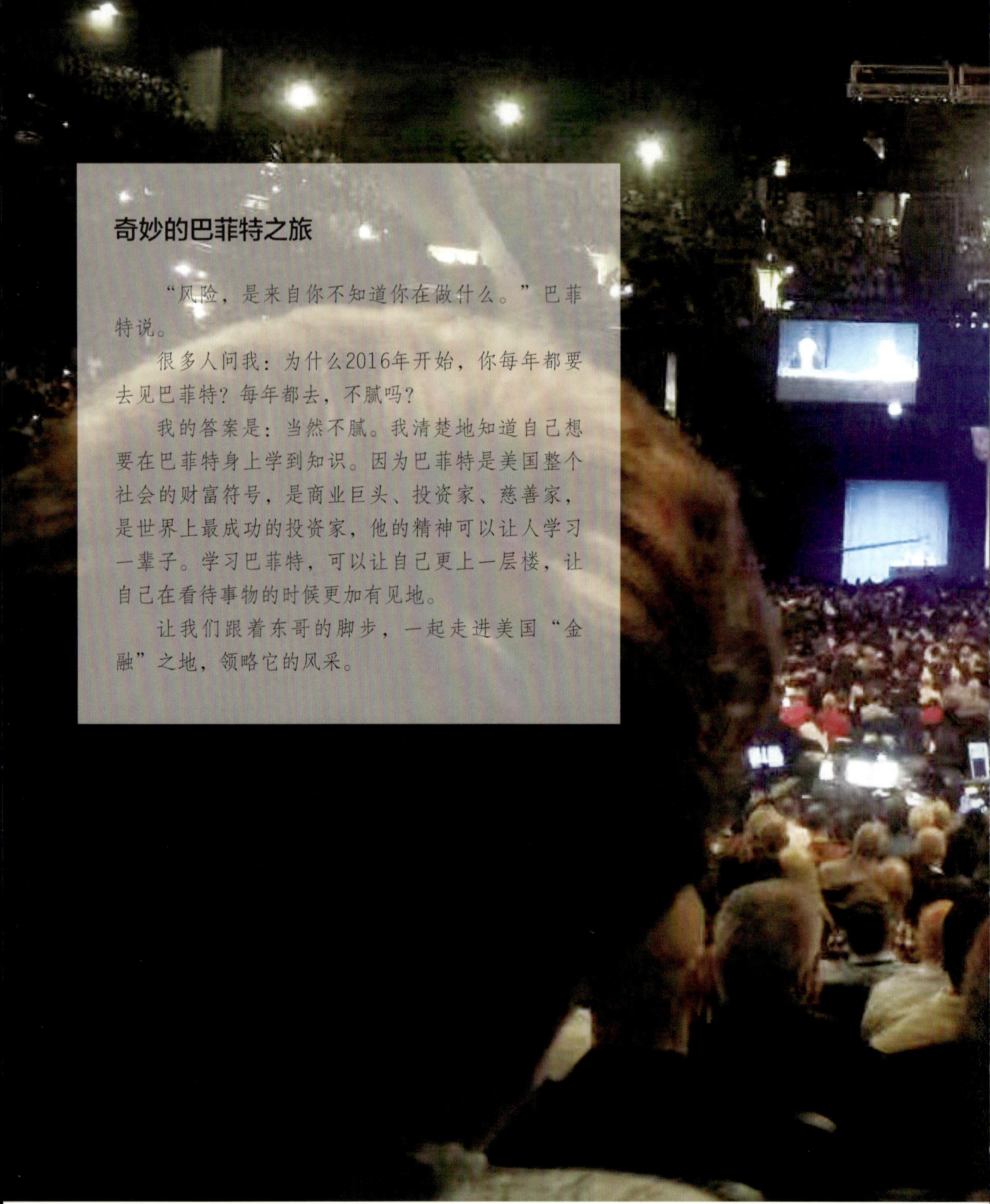

奇妙的巴菲特之旅

“风险，是来自你不知道你在做什么。”巴菲特说。

很多人问我：为什么2016年开始，你每年都要去见巴菲特？每年都去，不腻吗？

我的答案是：当然不腻。我清楚地知道自己想要在巴菲特身上学到知识。因为巴菲特是美国整个社会的财富符号，是商业巨头、投资家、慈善家，是世界上最成功的投资家，他的精神可以让人学习一辈子。学习巴菲特，可以让自己更上一层楼，让自己在看待事物的时候更加有见地。

让我们跟着东哥的脚步，一起走进美国“金融”之地，领略它的风采。

第三辑

人和篇

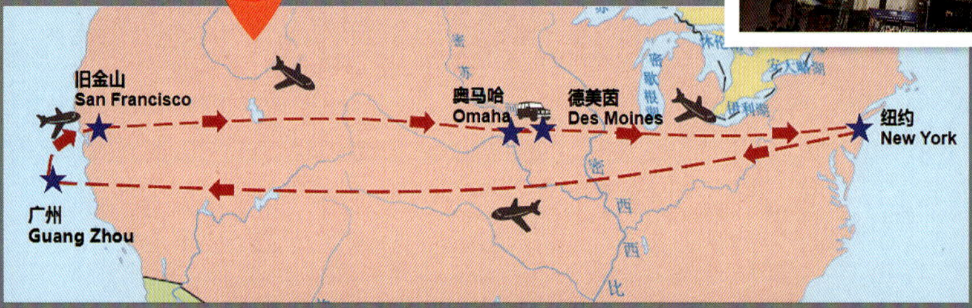

亲历2016年巴菲特股东大会商务考察团行程示意图

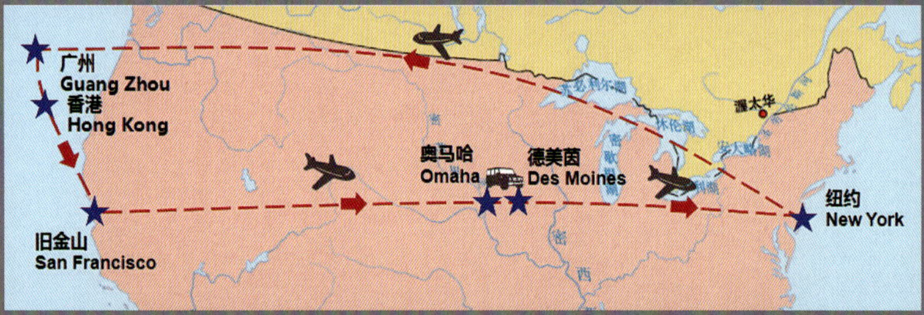

亲历2017年巴菲特股东大会商务考察团行程示意图

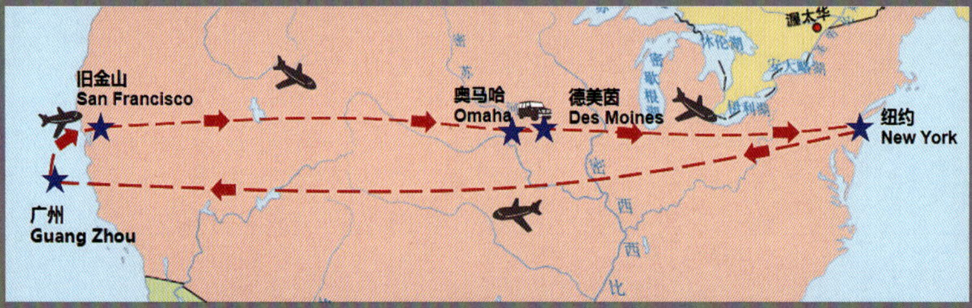

亲历2018年巴菲特股东大会商务考察团行程示意图

注：这3年的巴菲特股东大会商务考察团行程中，2016年和2018年的行程基本一样，2017年的行程与2016年、2018年的行程略有不同。为了能让大家更详细了解各个景点的情况，所以把各年的景点集中一起介绍。

亲历2016年巴菲特股东大会商务考察团出发前在机场大合照

2016年，乘坐头等舱前往旧金山，享受不一样的服务

2015年的“五一”节期间，广东广播电视台股市广播节目组首次组织参加一年一度在美国内布拉斯加州奥马哈举行的伯克希尔·哈撒韦公司股东大会（又称巴菲特股东大会）。这一年的巴菲特股东大会刚好是第50届，故无论声势、规模、气氛均创历史记录，来自世界各地的投资者4万多人来到美国中部小镇奥马哈，一时之间让这个小镇成为世界投资者云集的“圣地”。

其时，由于协办方上海某旅行社组织欠佳，让主办方股市广播节目组组织的六十余名投资者参会过程狼狈不堪，在会前几分钟才得以入场，在仅有的几分钟入场时间内根本无法找到座位入座，只好见缝插针般坐在体育馆的走道上，还不时被保安人员“驱赶”。更有甚者，翻译人员还大声同步翻译，遭到其他参会者投诉，被禁止使用翻译耳机。还有，未能按照合同规定参观纽约联合交易所及一些顶尖金融机构，广告宣传与实际货不对板。所以，还没等到参观考察团回到国内，主办单位负责人，也就是这次带队的团长在路上就决定次年更换协办单位，回到广州后经过筛选、对比和约谈，才有了我们广州良辰美景公司连续三年组织和运作巴菲特股东大会商务考察团的机会。

自此，从2016年开始，我就踏上了这条“朝圣之路”，令本人有机会连续三年作为组织者、领队、导游的身份，率队参加并亲历巴菲特股东大会的高光时刻。感受大会的盛况，其中还两次面对面见到了巴菲特本人，并有幸与之交谈、合影和签名留念，实为一生的奇缘、幸遇，确实难得，终生难忘。

亲历2017年巴菲特股东大会商务考察团出发前在机场大合照

巴菲特股东大会

美国伯克希尔·哈撒韦公司股东大会，又名巴菲特股东大会，1956举行第1届，2016年是第51届，5万投资者从世界各地云集美国内布拉斯加州奥马哈市——巴菲特的故乡，同时也是伯克希尔·哈撒韦公司所在地，去聆听“奥马哈先知”“股神”巴菲特通报公司业绩，预告未来投资策略，预判未来全球经济投资走势。

到了2017年，广东广播电视台股市广播节目组主办、广州良辰美景国旅公司协办组织的“亲历2017巴菲特股东大会商务考察团”创造了4个之最：1. 接近70人的单团为大会参团人数最多的单团；2. 吃住行游购娱与同行对比规格最高；3. 参团价格合理，性价比最好；4. 大会期间参观世界顶级金融机构及高科技公司最多。

本人非常荣幸策划组织了三届伯克希尔·哈撒韦公司股东大会商务考察团（以下简称“巴菲特之旅”）。从一开始我就抱着“登高望远，寻寻觅觅”的心态去“朝圣”，2016年5月第一次参会，远距离见到“股神”回来后，就有种“思念佳人，为伊消得人憔悴”的心情。2017年5月第二次参会，与“股神”有了面对面交谈并合影留念的机会，那种“蓦然回首，那人却在灯火阑珊处”的愉悦和成功感激荡全身，让我更加渴望每年都能参加巴菲特之旅。我在巴菲特面前亲口答应他老人家每年都要来，在股东会现场投资巨人的演讲更深深地打动了我，让我像吃了维生素一样，更下定决心坚持每年都要来一趟巴菲特之旅。

本人组织的巴菲特之旅参团人士主要是一些来自中国的投资界人士，包括股市牛散、私募基金管理人、证券公司从业人员、投资基金经理等。他们除了对股东会有猎奇心理外，更重要的是他们想知道巴菲特对于未来一年的行业前景预测及投资策略走向，因为股东大会被全球投资人看作是风向标、投资预报站。同时，大家也想来到奥马哈进一步了解巴菲特的日常生活与轶闻趣事。通过参观其工作场所、住处、牛排屋等，从而对这位慈祥的老人、投资界的常青树、股市的巨人有更深入的了解。巴菲特之旅让我重新认识旅游，即旅游的意义不仅仅在于观光；像巴菲特之旅，不仅可以体验到一种异国人文风情，收获一群志同道合的新朋友的友情，更让人收获了投资巨人的投资经验，留下了一些对于生活的新思考。

2018年的巴菲特之旅从广州市白云机场T1航站楼出发，团友准时到达机场，签到顺利，虽然恰逢“五一”假期，机场人流集中，物资的送达有所延误，但登机仍十分顺利，团友情绪高涨，到达美国旧金山后入境也十分顺利，行李的领取和集中都十分迅速。到达机场酒店后，团友们对地接的服务十分满意，提前准备的三明治礼品袋、迅速发放的房卡，让团友们在长途跋涉后体力的补充与身体的休息有了更好的保障。

亲历2018年巴菲特股东大会商务考察团出发前在机场大合照

接下来，就让我们一起来体验这个奇妙的巴菲特之旅吧！

第一站 旧金山 硅谷

1. 访问谷歌总部

谷歌，如雷贯耳，成立于1998年9月4日，由拉里·佩奇和谢尔盖·布林共同创建，被公认为全球最大的搜索引擎公司。目前，谷歌与苹果，在世界最具价值品牌位居第一和第二位。

整个行程时间紧凑，主题演讲分享、办公楼参观，体验谷歌地球、体验工作环境、体验食堂等生活措施。

2016年，考察团在谷歌总部

说到谷歌的工作待遇，我感叹不已。谷歌招聘员工，要求世界排名前列大学毕业，如清华、北大、复旦等知名大学毕业生才有机会得到首次面试，并需要通过七八次面试，才能确定是否通过。如此一来，谷歌挑选出来的人都是顶尖的。入职后有些高管年薪达到100万美元以上。

2018年，考察团在谷歌总部

2. 参观苹果公司

苹果公司是美国一家高科技公司，由史蒂夫·乔布斯、斯蒂夫·沃兹尼亚克和罗·韦恩等人于1976年4月1日创立，原名为美国苹果电脑公司，2007年1月9日更名为苹果公司；苹果品牌是世界最具价值品牌之一。

本人是从诺基亚爱好者纵身跳进“果粉”队伍的。苹果的产品虽贵，但却有它的价值，贵有贵的理由（某些手机用不了1年手机就会非常的卡，经常出现死机，自动关机等。但是苹果手机系统却不会出现这种情况），所以仍有很多人追捧苹果手机。

这次参观苹果公司，作为一枚“果粉”，满足了自己的愿望。

3. 参观英特尔公司

英特尔是全球最大的个人计算机零件和CPU制造商，成立于1968年，具有50年产品创新和市场领导的历史。2002年2月，英特尔被美国《财富》周刊评选为全球十大“最受推崇的公司”之一，名列第九。

巴菲特之旅走进了英特尔公司，了解企业

苹果公司门前

2018年，考察团在英特尔公司门前合影

2016年，考察团在英特尔公司门前合影

胡佛塔观景台上看斯坦福大学一角

历史及文化、产品及发展战略，涉及当下最热门的话题如5G、人工智能及其商业与生活的紧密联系等。

在会议室，与英特尔工程师的交流分享会将整个活动推向了高潮。大家畅所欲言，有问有答，气氛热烈，工程师一一满足了团友们的各种好奇和疑问。

分享会结束后，公司派专人带领大家参观英特尔博物馆，介绍了英特尔的发展历史和各个时期的主要产品，通过资料和互动游戏，普及了许多半导体知识，团友们大呼过瘾。

4. 在斯坦福大学

参观斯坦福大学是行程第一站的第四个项目，团友们得以亲身感受世界一流大学与众不同的氛围。

斯坦福大学全称小利兰·斯坦福大学，位于美国加州旧金山湾区南部的帕罗奥多市境内，离开谷歌、苹果、英特尔等公司所在的世界著名高科技园区硅谷，不久便来到了这所世界著名私立研究型大学，它占地约33平方公里，是美国占地面积第六大的大学。

斯坦福大学与旧金山北湾的加州大学伯克利分校，共同构成了美国西部的学术中心。据相关机构统计，截至2018年3月，共有81位斯坦福校友、教授或研究人员曾获得诺贝尔奖。2017年至2018年，斯坦福大学在世界大学学术排名（ARWU）、QS世界大学排名中均位列世界第二。

斯坦福大学为硅谷的形成和崛起奠定了坚实的基础，培养了众多高科技公司的领导者，其中就包括谷歌、雅虎、耐克、惠普、思科等公司的创办人。

根据《福布斯》2010年盘点，培养亿万富翁最多的大学斯坦福名列第二，亿万富翁数量达28位，仅次于哈佛大学。

5. 走进纳帕“酒乡”

电影《鹰冠庄园》的拍摄地便是这迷人的“纳帕”。加州灿烂的阳光给了纳帕山谷一个令人沉醉的 “酒乡”。

纳帕共有250家酒厂，一年吸引上百万观光客，如诗如画的风光，醉人的葡萄美酒，以及精美的美食，便是它的迷人之处。纳帕山谷一年四季都美，春天看野芥末花将原野染成一片金黄；夏日看葡萄结实累累，百花齐放，色彩缤纷；秋天则是葡萄成熟时，深紫翠绿，饱满晶莹；冬天细雨朦胧，正是躲在酒厂里畅饮葡萄美酒的好时候。

来到纳帕酒乡，只怕酒不醉人人自醉。纳

作者在贝灵哲酒庄藏酒库

帕是美国最优秀的葡萄酒产区之一，已经成为美国酒文化的代名词，是新世界葡萄酒行业高贵典雅的品质象征。

我们来到这里，听听酒庄主人讲述家族故事，了解不同类型葡萄酒的酿造过程，当然还有品酒。有一句歌词唱道“一杯红酒配电影”，此时此刻，能享受如此写意的生活就是人生的一大乐趣。在酒庄里面吃个滋味午餐，品尝正宗的西餐，到最后要离开的时候，真舍不得离开这宛如世外桃源的地方。

在纳帕山谷众多的酒庄中，我最喜欢的是贝灵哲酒庄。贝灵哲酒庄由一对德国兄弟雅各·贝灵哲和弗雷德里克·贝灵哲（Frederick）创建。著名酒评家罗伯特·帕克（Robert Parker）曾如此评价贝灵哲：“在我的品酒生涯中，曾尝过无数堪称世界顶级佳酿的葡萄酒，很多所谓的著名酒庄的实质表现让我非常失望，但在贝灵哲这里，我找到了品质非凡、极具代表性的美国葡萄酒。”

贝灵哲酒庄的藏酒库是在隧道中建成的。隧道的建设从19世纪70年代开始，一直持续到80年代，才建成了一个非常有效的天然藏酒库，平均气温为58华氏度。

在葡萄种植方面，贝灵哲酒庄非常重视葡萄植株的风土环境，认为无论采用何种酿酒技术，都不该脱离风土环境，每一瓶好的葡萄酒都能很好地表达出其生长环境的特殊性和优越性。

一望无尽的葡萄树

酒窖一角

品尝正宗西餐，体验地道风情

品尝红酒，刺激味蕾，入口回味绵长

6. 体验美国西海岸生活

金门大桥

旧金山的标志，色彩鲜艳，外形雄伟，位于金门海峡之上，始建于1933年1月5日，是世界著名的桥梁，是世界上最大的单孔吊桥之一，更是近代桥梁工程的一项奇迹。桥身全长1900多米，由桥梁工程师约瑟夫·施特劳斯设计。历时4年，用了十万多吨钢材，耗资达3550万美元建成。金门大桥的外观不是金色的，而是朱红色的。在三面环海的旧金山、蓝天白云、湛蓝的大海映衬下，显得格外壮美。而白天和夜晚的景色各有不同，呈现出不一样的风姿。

自然，巴菲特之旅岂能错过这地标之行。

蓝天白云、湛蓝大海映衬的金门大桥

渔人码头

在旧金山，渔人码头家喻户晓。从Ghirardelli广场一路到35号码头都属于渔人码头。其中，39号码头最为热闹，周围有各式特色商店、餐厅，还可以观赏海狮，并远眺金门大桥、海湾大桥、恶魔岛。

这里有售卖海鲜小吃的大小摊档恭候光顾。在渔人码头吃新鲜的蟹，不用多加其他佐料，只是清蒸就把肉的鲜甜带出来了，简直让人回味无穷。吃完饭到海边逛逛，甲板上有很多海狮、海鸥。微凉的海风吹在我们的脸上，令人十分舒畅。

渔人码头新鲜海鲜任意挑选

清蒸新鲜蟹，肉质鲜甜

米其林餐厅摆设简单

渔人码头的黄昏

米其林二星餐厅“the modern”的出品

舌尖上的米其林

《米其林红色宝典》对米其林餐厅的评分共有三个等级：

一颗星，是值得驻足品尝的好餐厅（这样的叙述当然是因为米其林是做轮胎的）。

两颗星，是一流的厨艺，提供极佳的食物和美酒搭配，值得绕道前往，但花费不低的餐厅。

三颗星，是完美而登峰造极的厨艺，值得专程前往，可以享用手艺超绝的美食、精选的上佳佐餐酒、零缺点的服务和极雅致的用餐环境，但是要花一大笔钱的餐厅。

对于米其林餐厅，我觉得人一辈子总要去尝一次。那些精湛的制作和摆盘，让食物变成一件件艺术品，真让人舍不得吃。

米其林餐厅，为巴菲特之旅添彩。

米其林一星餐厅，150美元/人

米其林一星餐厅出品

第二站 美国中部 爱荷华州

1. 金伯利农场

2018年巴菲特之旅与前两年不同之处，是增加了重走“元首之路”的行程，奔赴爱荷华州。爱荷华州是美国著名的“白宫第一站”，美国总统大选初选第一站就在这里举行；而这里，也是习近平主席分别在1985年和2012年两次到访过的地方。

东哥的儿子旺仔和金伯利农场主的姐姐、姐夫在一起

我与金伯利先生在一起

我们走进爱荷华州首府德美茵。德美茵是爱荷华州人口最多的城市，与石家庄市是友好城市，而爱荷华州与河北省是友好省州。

重走“元首之路”之一，我们考察团参观了金伯利农场。该农场始建于19世纪中叶，占地约24000亩，却只有四个人工作。农场主要种植大豆、玉米。

金伯利农场里的大型农业播种机，它接待过重要贵宾

金伯利农场主瑞克·金伯利夫妇与考察团旺仔父子结下了异国情谊，促成了巴菲特之旅增加了爱荷华州首府德美茵的参观，让考察团深入了解了美国中西部文化、教育、农业技术及美国的选举文化。

考察团在粮食奖基金会总部

2. 世界粮食奖基金会总部

重走“元首之路”之二，走进世界粮食奖基金会总部。

我们由美国驻柬埔寨前大使、世界粮食奖主席奎因先生带领参观。在参观时，团友“牛欢喜”模仿世界粮食奖陈列馆雕像的滑稽表情，为这趟旅程增添了许多乐趣。

团友“牛欢喜”的表情模仿秀

东哥与特里·布兰斯塔德合影

转自新华网报道美国爱荷华州国际企业家峰会论坛

作者东哥在爱荷华州德美茵世界粮食奖基金会总部获得由美国驻华大使特里·布兰斯塔德颁发的“美国商业与文化发展的未来企业家和教育者杰出贡献奖”

3. 爱荷华州立议会大厦

重走“元首之路”之三，参观被认为最美丽的议会大厦之一——爱荷华州立议会大厦。这是现任美国驻华大使特里·布兰斯塔德先生任爱荷华州长时工作20多年的地方。

这是一栋具有文艺复兴时期风格的建筑。从1871年开始修建，直到1886年才完工，历经15年，是美国唯一一座有五个圆顶的大楼。它

富丽堂皇的爱荷华州立议会大厦

顶端的圆球是用23克拉金箔打造，大约每30年需要重新镀一次，所需黄金在两公斤左右，足以让游客赞叹。其内部装饰更能让人体会到无可比拟的豪华气派。其台阶和走廊用29种不同的大理石铺就，每个会议厅都是由设计师精心装饰。位于四楼的法律图书馆非常精致，让人流连忘返。

爱荷华州议会大厦工作日也向公众开放。

4. 爱荷华州雕塑公园

6月的爱荷华州首府德美茵市中心，雕塑公园变成现代艺术的"海洋"——一年一度的"德美茵艺术节"吸引了上万名游客。虽然很遗憾这次并没赶上艺术节，但于公园游览一番也是别有情趣。

雕塑公园独特的雕塑

2018年，巴菲特之旅来到美国陆军基地

美国军事武器模型

5. 美国陆军基地

参观美国陆军基地，可感受世界第一军事大国的军事实力到底有多强。据相关资料，在国防预算上，美国每年军费开支在6000亿美元以上。

6. 雪佛兰古董车

参观价值连城的雪佛兰古董车，这是一个年代的缩影，代表着美国那段辉煌的过去。我最喜欢的是下图的古董车，炫酷又拉风。古董车收藏者不但有鉴赏力，还将其视为珍宝，有着一种岁月情怀。

旧时“红人”——雪佛兰古董车

爱荷华州华人协会执行主席燕晓哲先生给东哥赠送了纪念品——“人情似故乡”纪念衫。要知道，这也是该协会2012年初招待中国领导人时赠送的礼品。

爱荷华州华人协会执行主席燕晓哲先生给我赠送“人情似故乡”纪念衫

7. 内布拉斯加大学林肯分校

“股神”巴菲特的母校——内布拉斯加大学林肯分校，是美国中西部久负盛名的公立综合性大学，其农业科学与自然资源学院长期居于世界领先地位，化工、精算等专业亦在全美处于领先地位。该校是内布拉斯加州最顶尖的大学，在各个学科和领域均享有盛誉，出过4位诺贝尔奖获得者。其UNL图书馆系统是该州唯一一个专为研究服务的综合性图书馆系统，总藏书260万册，分布在两个主要的图书馆里。Don L. Love Memorial Library是其中最主要的图书馆，里面的藏书以社会和人文科学为主。对社会和人文科学有兴趣的，可以参观一下内布拉斯加大学林肯分校的图书馆。

2018年巴菲特考察团在校园参观时，刚好该校毕业生在拍毕业照。这让我想起了匆匆那年的学生生涯。

转眼间已毕业多年，我还依稀记得入学那天，带着简单的行李，憧憬着大学的未来。那几年尝试了我许多未试过的第一次，第一次自我介绍，第一次住进集体宿舍，第一次做团支书，第一次组织活动，第一次做兼职……所经历的每一件事，都鞭策着我成长，一一成就了今天的我。

考察团与州长的合照

内布拉斯加大学的学生在拍毕业照

与内布拉斯加大学林肯分校的老师交流合影

第三站 零距离接触“股神”

1. 巴菲特股东大会

每年5月的第一个星期六，均为巴菲特股东大会的举行时间。来自世界各国的投资人云集在美国中部城市奥马哈举行为期两天的巴菲特股东大会。大会的主要内容是：巴菲特报告伯克希尔·哈撒韦公司一年的投资情况；展望未来投资方向。朝圣者每年参会期间，有6次近距离接触“股神”巴菲特的机会，部分参会人员还有获得与巴菲特合影留念的机会。

2016年巴菲特股东大会如期在奥马哈举行，全球投资者一起开启朝圣之旅。在本次股东大会中，巴菲特就收购公司、股票投资、负利率影响、油价走势、房地产市场投资等问题做了回答。其中，巴菲特最令人印象深刻的观点是，有人问巴菲特为什么花这么多钱买精密铸件？它以后是否会更成功？不上市是不是更好？巴菲特回答说：“最好的生意模式是不需要额外资本支持仍然可以自己成长。精密铸件最重要的资产是CEO马克能把这个公司经营得非常好。我们不关注不具备生产力的东西，这些等于是浪费时间。”确实是这样，好东西不需要不必要的外在因素，自己也会发光发亮。

巴菲特表示，对待股票就像挑选生意一样，选择一个好的生意，看它的表现，考研它是否值得长期拥有；是有一定的风险，同时要看准时机，不要在冲动的时候做任何决定，情感控制比智商更重要；无论谁当选总统，都不会对美国经济产生影响，同时对中国经济表示乐观；大量衍生品是巨大风险；主管人不是为了赚钱，也不是为了高职位，而应该是以股东利益为优先。

2017年巴菲特股东大会，团友们早早在场外等待入场，虽然辛苦，但是想到可以近距离

奥马哈当地报纸报道巴菲特股东大会，本团几位团员在头版新闻亮相

2018年巴菲特股东大会现场

2017年巴菲特考察团入场前团友们情绪高涨

东哥在巴菲特股东大会前留影

接触巴菲特以及比尔·盖茨，团友们情绪十分高涨！

2018年巴菲特股东大会，巴菲特首先以一段幽默、搞怪的星级视频开场点亮了全场笑点，将全场的气氛推进高潮。同时，巴菲特对于中美贸易问题乐观看待，巴菲特也希望中美两国之间能够共同成长，良性竞争。

能够近距离倾听巴菲特的演讲，已经是不虚此行了。

巴菲特股东大会现场，参会人士来自世界各地，而我们良辰美景国旅组织的考察团带有自己的旗帜，备受瞩目。

2016年，巴菲特股东大会结束后，中央电视台芝加哥记者站的记者采访了我。我回答了记者的提问：1. 考察团成员包括私募基金经理、券商经理、牛散、私营企业负责人等；2. 年龄构成40～50岁的占70%、50岁以上的占15%、40岁以下的占15%；3. 第51届股东大会有5万人参加，其中华人占10%即有约5000人；4. 团员除猎奇心态外，也渴望了解一个完整的巴菲特，期待能亲眼见到偶像，还有比尔·盖茨、巴菲特的两个弟弟等。

2017年巴菲特股东大会，这次良辰美景国旅带领的考察团近70人，是历年大会最多中国人参加的一次，因此引起加拿大国家电视台的关注，他们的记者现场采访了广州市良辰美景国际旅行社有限公司董事刘卫东（即本人）。

团友在巴菲特股东大会现场

东哥回答了记者的提问，介绍了此次团队人员组成等具体情况，并指出团员们在良辰美景的精心安排下，参观了巴菲特控股企业展，了解了“股神”的日常工作、生活、喜好，从而全面深入了解了自己心目中的偶像。

央视网在2018年巴菲特股东大会后采访了我，对于记者提问的参加巴菲特股东大会的意义，我作出了以下的回答：巴菲特投资传统行业

2017年，巴菲特股大会后接受加拿大国家电视台采访

2016年，巴菲特股大会后东哥接受中央电视台芝加哥记者采访

2018年，巴菲特股东大会后接受央视网采访

方面较多，但是去年突然转了风向，投资了苹果等高科技公司，就想来这里了解一下他的评判标准，传统行业他可以看得到背景、数据材料，但是对于高科技行业，他是怎么研判的呢？很想听听他的看法。

我在巴菲特股东大会中国投资人酒会上

当晚，良辰美景国旅安排团友们共聚工作餐会，分享参加巴菲特大会的体会，让团友们与志同道合的有志人士畅谈心得，交流经验。

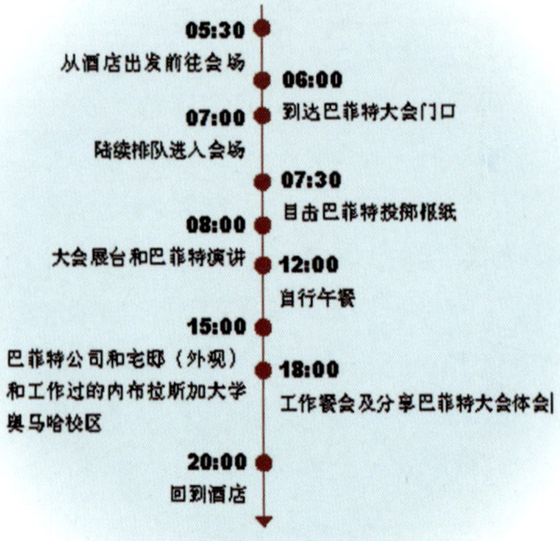

巴菲特股东大会时间表

2. 巴菲特慈善5公里长跑

巴菲特股东大会结束后，奥马哈举办了巴菲特慈善5公里长跑活动。很多人会问，为什么巴菲特要举行长跑活动呢？那是因为巴菲特是跑步爱好者。

开始跑步的契机，是由于巴菲特“发福”和健康的问题，在医生和私人教练的建议下他开始踏上跑步机。渐渐地，巴菲特喜欢上了跑步，他说：“跑步有时候不需要速度，只需完成的毅力。”他还将跑步融入公司的文化，他公司的员工们对跑步都有浓厚的兴趣。因此，每年巴菲特股东大会后，当地都会举办一场5公里的慈善长跑活动。

2018年巴菲特股东大会后，参加“投资自己，才是最好的投资”慈善跑

3. 波仙珠宝店专卖场

巴菲特股东大会期间第二个重要内容就是在波仙珠宝店专卖场举行的巴菲特与比尔·盖茨打乒乓球、打桥牌等活动。

巴菲特股东大会这个投资嘉年华盛会精彩纷呈，热闹非凡，既是公司年会，也是音乐盛会，更是国际马拉松比赛。此时，世界各地投资者有机会见到“股神”巴菲特，可能有与他近距离合影的机会，但要想走在一起合影是需要“另辟蹊径”的。这就是——要在巴菲特股东大会期间花费10万美金以上，才有机会与巴菲特面对面交流和合影。波仙珠宝店专卖场会提前推出折扣促销；巴菲特和比尔·盖茨在现场打乒乓球、打桥牌助兴，是每年不变的程序。

波仙珠宝店专卖场是伯克希尔旗下公司，团友可自由活动、自由购物，更有机会观摩巴菲特和受邀嘉宾与世界冠军打乒乓球与桥牌。

在离开波仙珠宝店前，巴菲特会抽出20分钟时间与12组人士（每组有1至3人不等，每年如此，每组约一分钟）合影留念，并在合影者的购票清单上签上自己的名字。有两年，也就是2017年和2018年的巴菲特股东大会上，我均成为12组幸运儿其中之一，与巴菲特“亲密接

巴菲特走进2016年波仙珠宝店专卖场

2017年巴菲特股东大会上一位来自台湾的14岁男孩与巴菲特的合照

巴菲特与比尔·盖茨上场打乒乓球

巴菲特与比尔·盖茨打桥牌

触”了两次，在约一分钟的合影过程中完成了交流、握手、合影及录像，并记下了另外几位幸运儿与巴菲特面对面交流的激动时刻。

在2017年那一次，我问巴菲特最喜欢投资的公司是哪一家？他毫不犹豫地回答说，最喜欢盖可保险公司。他还像小孩般调皮地主动与我咬耳朵说：“由于今天时间太少，没有机会跟你单独传授投资秘籍，希望下次有机会告诉你更多秘密。”他简直是一个俏皮可爱的老顽童，完全没有一点架子和做作。

一位来自台湾的14岁男孩提问巴菲特：“我平时在高尔夫球场边捡了约200个高尔夫旧球，我打算暑假卖掉，大约可以卖多少钱？”巴菲特毫不犹豫地支招：“你可以卖100美元以上。”把那男孩乐得蹦蹦跳跳的。

巴菲特这种为旗下公司不遗余力的站台无可厚非，而大部分合影者来自中国，他们目的各有不同，各取所需。2018年，国内一位著名私募基金董事长，就是为了拿巴菲特合影来为公司旗下产品路演造势，在每场路演活动均打上他与巴菲特的大头照。

在现场，我还看见长期研究巴菲特理论的杨宝忠老师。他长期推荐和宣传巴菲特的价值投资理念。此时此刻，他也特意来见巴菲特并合影留念。

在巴菲特股东大会期间只有花上10万美金以上才有机会与巴菲特面对面交流和合影。由于要求合影者增多，2018年这一年珠宝店临时将符合资格者的购物额度调升至20万美元。不过，因为一年仅有两次机会与“股神”合影及面对面交谈（另一次是巴菲特慈善午餐会）。所以，虽然提高了10万美元，但是在活动开始提前一天12组名额还是报满了。

与巴菲特合影者中以家庭居多，第一组是奥马哈当地的华侨一家五口。2018年的合照与

与巴菲特合照前在VIP贵宾厅等待

往年有明显的不同——清一色是华人。也许，这可以理解为在世界经济格局中华人越来越富有了，也可以理解为华人喜欢购物买买买。东哥作为导购及领队，幸运地随团友蹭了两年两次共两张合照。

在2018年的合影环节，巴菲特大概太累了，没有像去年那样谈笑风生，服装上由去年的白衬衫、带皮带的黑色便装西服变成了正式的灰色西装、红色领带，就算如此也掩饰不了他身躯的疲惫感。一位接近88岁的投资巨人，在这几天的嘉年华投资盛会中确实太辛苦太累了，一天连续出席多场活动，站台、宣传、背书做慈善活动，令人动容。

一年一度的巴菲特股东大会圆满结束了，但是“股神”巴菲特对于投资的见解将影响我们未来的一年甚至多年后的投资决策。同时，巴菲特不仅仅在投资方面影响了我们，还在做人做事上影响了我们。就如巴菲特所言，做自己喜欢的事情就是最幸运的。在人生道路上，有很多事情是自己不能控制的，有时候往往会与

自己所喜欢的一些事、一些人背道而驰。倘若能做自己喜欢的事情，那就要好好享受那分分秒秒，勿忘初心。

2017年巴菲特股东大会，我幸运地成为12组幸运儿之一，与巴菲特“亲密接触”

4. Anthony's STEAKHOUSE牛扒餐厅

晚餐时间，我们去了巴菲特常去的牛扒餐厅。巴菲特不仅经常到Anthony's STEAKHOUSE用餐，而且年年在Anthony's STEAKHOUSE举办股东会，已超过十年，比尔·盖茨、迪士尼总裁麦克艾森等都曾是座上宾。不过，巴菲特无论是私人用餐还是股东会用餐，永远只点美国Prime等级、干式熟成的24盎司丁骨牛扒。有时，他还会多点个双份黄金薯饼、樱桃可乐与香草冰淇淋。这家牛排餐厅因此声名大噪，许多客人指名点“巴菲特套餐”，价格只要35美元，平均每月可卖出近4000份丁骨牛排。

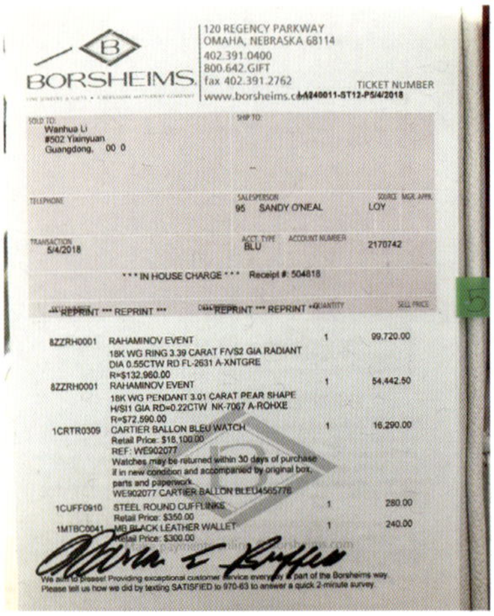

巴菲特的亲笔签名

“巴菲特套餐”的丁骨牛排

每年巴菲特股东大会举行的前一个月，餐厅就要开始进行准备工作，4月1日开放电话订位，接下来要进行采购、等待牛肉熟成、切割、处理，还要增加40多位人手，从下午4点半开始出餐，直到深夜11点止，近千份牛排，其中五六百份牛排都是指明要“巴菲特套餐”的丁骨牛排。

5. 巴菲特住宅

据说，巴菲特当年买入这套住宅购买价仅3.5万美元，至今已经住了50年，巴菲特这种低调、不炫富的品质实在让人敬佩。

最近，国内有一款很火的软件，里面发布的视频有关炫富的基本都是所谓的“网红”。我认为，只有拥有知识的人，才是真正富有的人。炫富仅仅只是满足了个人的虚荣心而已。

↑ 巴菲特常去的牛扒餐厅——Anthony's STEAKHOUSE

↓ 朴实无华的巴菲特住宅。富豪中的一股清流，“股神”在此已居住了50年

第四站 走进纽约顶尖金融机构

1. 纳斯达克

巴菲特之旅来到美国第一大城市及第一大港——纽约。

纽约是一座世界级国际化大都市，也是世界第一大经济中心。上午9时30分，参观大名鼎鼎的纳斯达克。

纳斯达克（NASDAQ），是美国的一个电子证券交易机构，创立于1971年，迄今已成为世界最大的股票市场之一。目前，其股票市场分为三个层次：“纳斯达克全球精选市场”“纳斯达克全球市场”以及“纳斯达克资本市场”。

参观美国纳斯达克证券交易所

纳斯达克全球精选市场在财务和流通性方面的要求高于世界上任何其他市场，被列入纳斯达克精选市场是优质公司有成就与身份的体现。作为最大而且交易最活跃的股票市场之一，纳斯达克全球市场有近4400只股票挂牌。要想在纳斯达克全球市场挂牌，这家公司必须满足严格的财务、资本额和共同管理等指标。在纳斯达克全球市场中有不少世界各国最大和最知名的公司。

在纳斯达克，我们观看了敲钟仪式。在进入位于时代广场的纳斯达克大楼后，由中国市场负责人介绍交易所的概况、上市的条件，以及中国公司来美国上市的机遇和风险。然后我们进入敲钟演播室，亲身感受了敲钟仪式的完整流程和热烈的氛围，现场还可以拍照留念。

纳斯达克证券交易所

2. 时报广场

时报广场是纽约曼哈顿的一块繁华街区，被称为“世界的十字路口”，原名为朗埃克广场，后因《纽约时报》早期在此设立总部大楼，因而更名为时报广场。

时报广场附近聚集了近40家商场和剧院，是繁荣的娱乐及购物中心，已经深入人心并成为纽约的象征标志，展示曼哈顿强烈的都市特性。走近时报广场，每个人都会被震撼，四周全是色彩绚烂的霓虹灯和街头艺人，还有随时播放着新闻、广告、歌曲MV、电视节目的大屏幕。这里是纽约市内唯一在城市规划法令内，要求业主必须悬挂闪亮宣传牌的地区。

在纽约时报广场街拍是怎么拍都好看，简直就是拍照圣地，虽然人流密集，但一点也不影响整个效果的美。来到购物天堂，必不可少的当然就是“买买买”，可以买到的免税物品有Prada，Hermes，Gucci，Louis Vuitton等品牌的奢侈品。

纽约街头美食

我与“牛”。华尔街铜牛是“力量和勇气”的象征，寓意为只要铜牛在，股市就能永保“牛”市

3. 大都会艺术博物馆

位于纽约5号大道82号大街的大都会艺术博物馆（Metropolitan Museum of Art），是美国最大的艺术博物馆，也是世界著名的博物馆。该博物馆尽显欧美艺术的精华，单是外观就足以令人惊喜。

博物馆占地面积13万平方米，是与英国伦敦的大英博物馆、法国巴黎的罗浮宫、俄罗斯圣彼得堡的艾尔米塔什博物馆齐名的世界四大博物馆之一，共收藏有300万件展品。很多游客说在这个博物馆需要逛上两天才能够逛完，真不愧是当今世界首屈一指的大型博物馆，走进博物馆就能感受到那种震撼感。在这里，来自世界各地的藏品相当丰富，稀世之宝琳琅满目，令人目不暇接，毕加索、梵高等著名画家的作品比比皆是，一件件艺术品仿佛是有生命一般，非常吸引人。

4. 华尔街

巴菲特之旅走进华尔街正是题中之意。这里可以说是投资者神往之地，街头游览，参观铜牛，已经有所满足。这里不仅是全球金融中心，而且是美国第一任总统华盛顿就职之地，同时也是美国金融之父汉密尔顿的埋葬之地。

美国金融之父汉密尔顿之墓

5. 摩根士丹利国际金融服务公司

巴菲特之旅进入摩根士丹利，与摩根士丹利国际金融服务公司进行学习交流是一个很好的机会。

摩根士丹利，财经界俗称"大摩"，是一家成立于美国纽约的国际金融服务公司，提供包括证券、资产管理、企业合并重组和信用卡等多种金融服务，目前在全球27个国家的600多个城市有代表处，雇员总数达5万多人。摩根士丹利国际财务管理部凭借公司广泛的能力，为美国境外的投资者服务。摩根士丹利旗下专设事业部，IWM拥有经过特殊培训的国际客户顾问和经理，可以理解到顾客的独特财富管理需求，同时也对顾客所处地区独有的投资挑战及机遇了如指掌，可推荐为顾客量身定做的投资策略，帮助顾客实现特定的目标。

摩根士丹利纽约总部大楼

走进摩根士丹利国际金融服务公司进行学习交流

财富管理私人银行资深主管亲自介绍境外投资者在美国投资的策略

考察团由摩根士丹利财富管理私人银行资深主管亲自接待，她向我们介绍了境外投资者在美国投资的策略、摩根士丹利金融服务业务以及投资理财产品等内容，大家收获满满。

6. 彭博新闻社

巴菲特之旅进入彭博新闻社Bloomberg News。

彭博新闻社成立于1981年，是全球最大的金融信息服务供应商，也是全球最大的财经资讯公司。其公司文化注重开放、平等，所以高层与普通员工共用同一批电脑，也没有固定办公桌，办公区域到处都摆满了丰富的食品，办公室环境更是全透明全开放，连会议室都是透明的，给人一种宽敞透亮、耳目一新的感觉。

彭博新闻社全开放办公环境

彭博新闻社自由的工作环境，随时随地都可吃上不同的食物

7. 纽约码头

在纽约码头，乘坐直升机15分钟，从空中游览纽约全景，饱览美国第一大城市及第一大港纽约的美景，是一件惬意的事情。然后，在美国历史上占有一席之地的炮台公园，乘“自由女神号游轮”环岛游，环游代表美国国魂标志的自由女神岛，参观自由女神像，眺望曼哈顿，纽约风情尽收眼底。

饱览美国第一大城市及第一港纽约的全景

乘坐直升机

自由女神像

8. 哥伦比亚大学

哥伦比亚大学位于纽约市曼哈顿上西城，是一所世界著名的研究型大学，是纽约州最古老的大学，也是美国历史最悠久的五所大学之一。

哥伦比亚大学濒临哈德逊河，在中央公园北面。1896年，大学从麦迪逊大道迁往曼哈顿附近的高地，使学校拥有了6个街区约32英亩的土地。在纽约这样繁华的都市有一块安静的书香之地，实属不易。

哥伦比亚大学的罗马建筑风格

巴菲特之旅“续闻”

2017年巴菲特股东大会后，我们进行了四次巴菲特之旅的新老团友聚会。第一次是2017年6月在广州举行的与华尔街之神吉姆·罗杰斯对话面对面午餐会，第二次是7月东莞“东昌纯情之旅”，第三次是8月初湖南郴州“平江之旅”，第四次是来自珠三角湾区的四十多位巴菲特之旅的团友在广州中信广场五楼广州良辰美景国旅中信营业部欢聚一堂，三届新老团友展开了一场思想盛宴。

第四次聚会与以往团友见面不同，因为这次是三届团友联动。团友们在几次短暂聚会，达成了四项成果：1. 团友公司或企业互相投资参股；2. 成立了保本“东昌纯情基金”；3. 广州良辰美景国旅以机构名誉（投资500万元）及团友个人投资航长“强债三号”理财产品；4. 为来年的巴菲特股东大会做准备。

此时此刻欢聚一堂，收获来自五湖四海的友谊

东哥带路真经

本人多年来从书本、媒体及百度上，已了解“股神”巴菲特传奇的一生，并视他为自己在投资界的唯一偶像。在巴菲特之旅前，我从来没有奢望能与巴菲特见上一面或谈话（毕竟几百万美金的午餐令人望而却步）。但是，这三年参加其股东大会，从远望到近看、从看见到合影、从合影到交谈，一代投资巨人却是如此的和蔼可亲，让我感触良多。通过实地调研，我能更深层次地理解了他的著作，更全面地认识了“股神”。坚持做一件事是需要人的毅力的，更需要非凡的亲和力，故本书以“人和篇”推出“东哥带路”的主题。

在2018年的这次行程中，领队助理咨询了许多团友，他们都给我们这一年的巴菲特之旅做出了高度的评价，引用一位团友的原话：“我参加你们这次的巴菲特考察团，简直物超所值，性价比超高，我可以给这个团打90分，但我现在要打110分，多出来的20分是打给你们刘总的，你们老板，还有你们跑前跑后，为我们团友安排得十分周到，精彩。”

同时，感谢我们领导的亲力亲为和领队John。领队John永远站在最前线，睡得最晚起得最早，第一时间为我们的团友服务，解决他们遇到的问题。

总体来说，我们的巴菲特考察团是越办越好，几位几次参团的团友，也说我们的巴菲特考察团是一年更比一年好。在此，还需要特别感谢在背后默默奉献和支持我们的各位领导与同事：总部的朱总与陈总，谢谢领导们的支持和鼓励；华普营业部的蔡经理JOJO，服务客人在第一线；操作中心的胡总Ella，完美地安排地接与酒店；机票部的曾经理Jerry，对我们提出的各种机票要求第一时间进行满足；签证部的李经理Eli，完美对接签证服务；还有活跃在第一线的各位销售同事，没有你们的支持和对客户的优质服务，今年的巴菲特之旅就不会如此顺利和圆满。最后，祝我们良辰美景协办的巴菲特股东大会考察团越办越好，越做越大，团友越来越多！

行程小Tips

1. 根据美国的环保法，饭店内不提供拖鞋、睡衣、牙刷、洗发液、沐浴液，请自备洗漱用具。

2. 目前美国国际段有一件免费行李托运，第二件国际段行李托运费为USD70/件起（仅供参考）；而内陆段均无免费行李托运，内陆段行李托运费为USD25～50/件（仅供参考）；国际段及内陆段行李重量不得超过50磅/件，长宽高尺寸最大不得超过157厘米/件，超过部分另外征收超重费；行李的实际收费请以航空公司柜台收费为准（以上为航空公司行李费的最新政策，如有政策变更，请以航空公司柜台收费为准）。

出行装备

1. 护照 □
2. 转换插头 □
3. 牙刷、拖鞋、洗发液、沐浴露 □
4. 单反、三脚架 □
5. 防晒霜 □
6. 充电线 □

必备手机APP

1. Google Maps（出国不会迷路的神器） □
2. Yelp（相当于中国的大众点评） □
3. Uber（相当于中国的滴滴） □
4. 租租车（可以租车去玩） □

东哥带路公众号

东哥带路微博

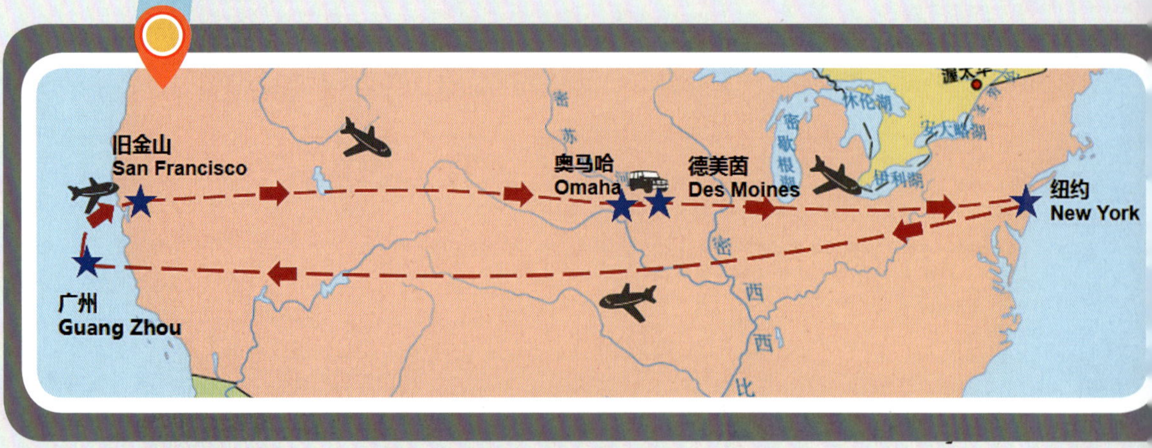

巴菲特之旅示意图

值得期待的2019年4月28日巴菲特之旅

天数	行程与细节	交通	住宿
第一天	**广州—旧金山** 当天在指定地点（最终地点以实际出团通知为准）集中后前往广州新白云机场，在国际领队带领下搭乘国际航班飞往旧金山。	飞机	旧金山机场海湾希尔顿酒店
第二天	**旧金山** 前往英特尔公司参观，专人介绍公司情况，包括企业历史及文化、公司产品及发展战略，涉及当下最热门的话题如5G、人工智能及其商业与生活的紧密联系等。最后留时间交流提问，结束后由专人带领参观Intel博物馆，通过资料和互动游戏来普及大众化半导体知识。 午餐后乘车前往Google公司参观。 商务活动结束之后游览斯坦福大学，从胡佛塔观景台可以看到斯坦福大学校园上空285英尺的全景，在艺术区参观美术馆或者参观演出场所。	专车	豪华酒店
第三天	**旧金山** 酒店早餐后前往鹰冠庄园的拍摄地纳帕。纳帕是美国最优秀的葡萄酒产区之一，已经成为美国酒文化的代名词，新世界葡萄酒行业高贵典雅的品质象征。 行程安排：参观酒庄，听酒庄主人讲述家族故事，了解不同类型葡萄酒的酿造过程，品酒，于酒庄内享用午餐。 结束酒庄参访后回到市区参观，金门大桥是旧金山的标志，位于旧金山外港的金门海峡之上，色彩鲜艳，建筑雄伟；独特的九曲花街；秀丽非常的艺术宫；渔人码头（可光顾售卖海鲜小吃的大小摊档）。	专车	豪华酒店
第四天	**旧金山—丹佛—德美茵** 酒店早餐后前往机场搭乘航班前往丹佛机场转机，乘机前往德美茵。抵达德美茵，前往酒店入住休息。	专车	豪华酒店

天数	行程与细节	交通	住宿
第五天	**德美茵** 酒店早餐后参观中国领导人访问过的爱荷华州议会大厦，参观金伯利农场、世界粮食大厦、雪佛兰私家收藏古董车。	专车	豪华酒店
第六天	**德美茵—奥马哈** 酒店早餐后前往内布拉斯加州首府林肯，参观巴菲特母校内布拉斯加大学林肯分校。之后乘车前往奥马哈。奥马哈是美国第三十八任总统杰拉尔德·福特和亿万富翁沃伦·巴菲特的出生地。	专车	Fairfield Inn & Suites by Marriot Omaha Papillion 或同级
第七天	**奥马哈** 清晨，统一安排前往伯克希尔哈·撒韦年度股东大会所在地，参与巴菲特股东大会。 05:30：从酒店出发前往会场； 06:00：到达巴菲特大会门口； 07:00：陆续排队进入会场； 07:30：目击巴菲特投掷报纸； 08:00：大会展台和巴菲特演讲； 12:00：自理午餐； 15:00：巴菲特公司和宅邸（外观）和工作过的内布拉斯加大学奥马哈校区； 18:00：工作餐会及分享巴菲特大会体会感想； 20:00：参访结束，回酒店休息。	专车	Fairfield Inn & Suites by Marriot Omaha Papillion 或同级
第八天	**奥马哈—圣路易斯—纽约** 酒店早餐后继续游览奥马哈。于伯克希尔公司旗下的波仙珠宝店自由活动、自由购物，有机会观摩巴菲特和受邀嘉宾与世界冠军打乒乓球与桥牌（当天活动以大会安排为准），更有机会近距离与巴菲特合影（报名详情咨询刘先生关于合影费用以及条件）。之后前往机场乘坐下午17:30的航班经圣路易斯转机前往纽约，抵达纽约后前往酒店入住休息。	专车	Doubletree by Hilton New York Times Square West 或同级

天数	行程与细节	交通	住宿
第九天	**纽约** 前往彭博新闻社。 参观流程参考（以实际安排为准）：彭博新闻社是全球最大的财经资讯传媒集团，成立于1981年，主要为一个经济资讯的平台，提供世界各地的使用者使用其来交换资讯，也提供权威性的经济评论以及观点。参访内容参考：介绍彭博电视台，广播台和终端在全球范围（特别是金融领域）的应用，以及和路透社、CNN等新闻行业的分析和对比。 前往餐厅享用午餐，午餐后前往摩根史丹利总部开展活动。 参观介绍：摩根史丹利，财经界俗称“大摩”，是一家成立于美国纽约的国际金融服务公司，提供包括证券，资产管理，企业合并重组和信用卡等金融服务。参观流程参考：进入摩根史丹利纽约总部大楼会议室进行座谈，由财富管理/私人银行资深主管亲自接待并介绍境外投资者在美国投资的策略，摩根史丹利金融服务业务以及投资理财产品等话题。	专车	Doubletree by Hilton New York Times Square West 或同级
第十天	**纽约** 早餐后前往华尔街，游览铜牛、纽交所等著名地标，后前往码头乘坐直升机游览纽约市区空景。 游览纽约市区空景，饱览美国第一大城市以及第一大港纽约的全景。 午餐在纽约米其林二星餐厅the modern享用午餐（请穿正装），午餐后前往哥伦比亚大学参观。	专车	Doubletree by Hilton New York Times Square West 或同级
第十一天	**纽约—广州** 早餐后前往机场乘坐国际航班返回广州。	飞机	飞机上
第十二天	**广州** 抵达广州白云国际机场后，结束愉快的旅程。		

温馨提醒：本书所载旅游线路仅供参考，具体以当时旅行社提供的资讯为准

服务热线：020-28865301，13392686898

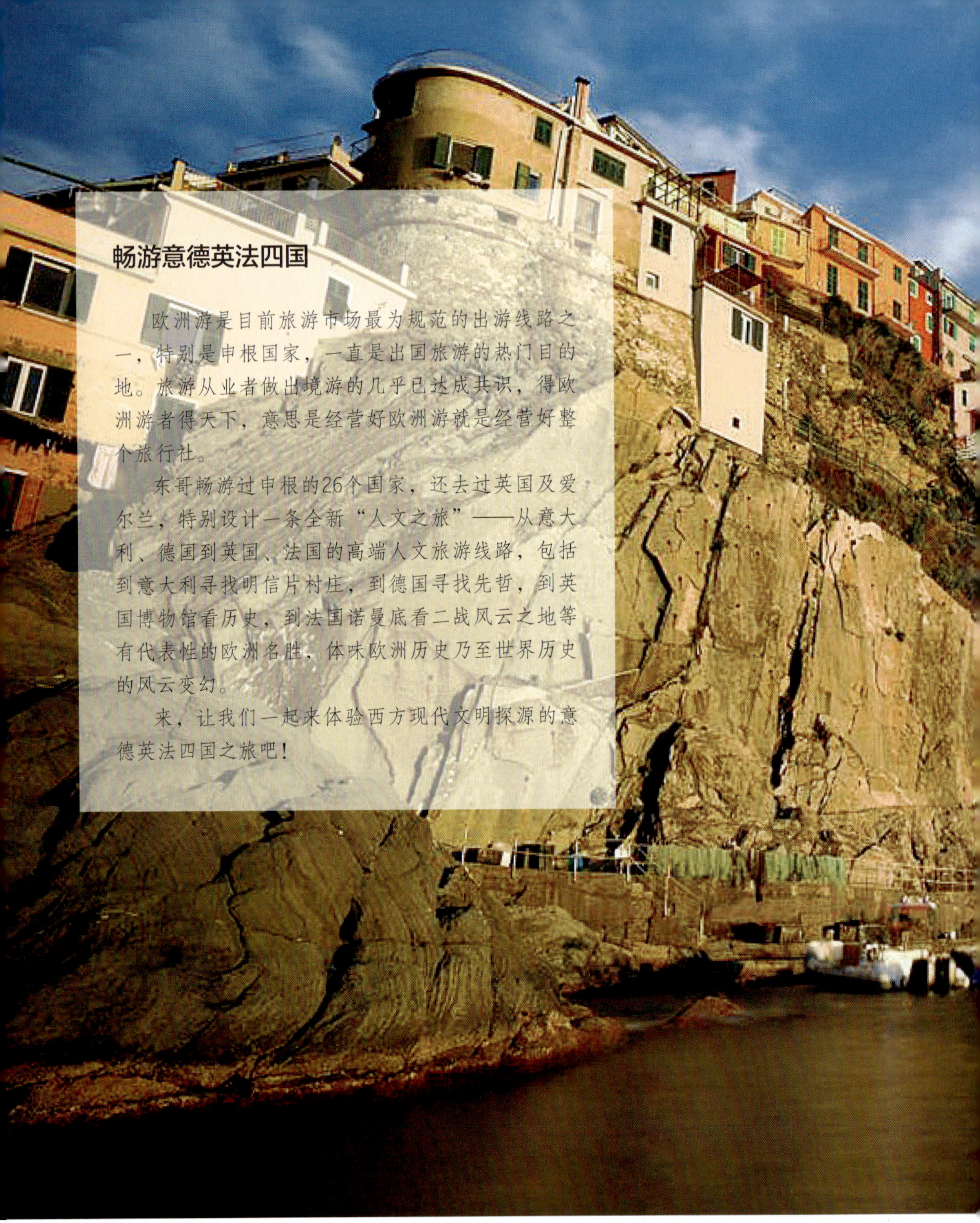

畅游意德英法四国

欧洲游是目前旅游市场最为规范的出游线路之一，特别是申根国家，一直是出国旅游的热门目的地。旅游从业者做出境游的几乎已达成共识，得欧洲游者得天下，意思是经营好欧洲游就是经营好整个旅行社。

东哥畅游过申根的26个国家，还去过英国及爱尔兰，特别设计一条全新“人文之旅”——从意大利、德国到英国、法国的高端人文旅游线路，包括到意大利寻找明信片村庄，到德国寻找先哲，到英国博物馆看历史，到法国诺曼底看二战风云之地等有代表性的欧洲名胜，体味欧洲历史乃至世界历史的风云变幻。

来，让我们一起来体验西方现代文明探源的意德英法四国之旅吧！

第四辑
文化篇

爱丁堡
Edinburgh
北 海
丹 麦
哥本哈根
柏林
荷 兰
比利时
伦敦
London
诺曼底
Normandy
巴黎
Paris
法 国
德
罗腾堡
rothenburg
布拉格
乌尔姆
Ulm
斯图加特
Stuttgart
维也纳
奥 地 利
菲森
Fussen
热那亚
Genova
五渔村
Cinque
Terre
圣雷莫
Sanremo
摩纳哥
安道尔

欧洲文化之旅示意图

DAY 1 欧洲文化首都之意大利海港城市热那亚

热那亚地处意大利北部热那亚海湾，是利古里亚大区的首府，也是一座著名的海港城市。热那亚还是著名航海家克里斯托弗·哥伦布和小提琴大师尼科罗·帕格尼尼的家乡。热那亚历史悠久，曾是海洋霸主热那亚共和国的首都，2004年被评选为“欧洲文化首都”。

热那亚及其所在的利古里亚海岸沿岸为著名旅游胜地，属地中海气候，夏季炎热干燥，冬季温暖多雨，1月份平均气温8℃～10℃，除山地以外均无霜冻；夏季平均气温24℃～25℃。

热那亚火车站

我们入住意大利热那亚旧港内火车站旁的五星级萨沃伊大酒店。该酒店富丽堂皇，布局合理，为2008年装修，共有117间房，坐落在热那亚海滨，地处便捷区域，尽地理之宜。距离热那亚的克里斯托弗·哥伦布机场仅6公里，距离王子广场火车站仅400米，包括哥伦布纪念碑、加拉塔海洋博物馆和王宫博物馆都在较短的距离内，所以入住该酒店出去游览会很方便。

入住萨沃伊大酒店

富丽堂皇欧美风的酒店内饰

热那亚的中央火车站位于热那亚市中心，建筑风格是罗马式，当地人称之为Principe，于1860年建成并开始使用，拥有12个站台，是意大利西北部铁路枢纽之一。现在每天通行有300余辆列车，日均客流量大约为66000人次。热那亚西行线路都要经过火车站，一般发车前20分钟才会显示站台及到站列车。

火车站象征着离开或归来，站在火车站里，可以看到人们相互拥抱，或是离别时正伤感与不舍，或是久别重逢时激动和喜悦。

可看到靠近酒店的火车站

热那亚罗马式的中央火车站

夜幕下的中央火车站，灯火通明

DAY 2 热那亚的沿海的风景

圣乔治银行及宫殿

热那亚的圣乔治银行始建于1407年，是世界上第一个国家存款银行。银行后面就是圣乔治宫殿，内饰有精美壁画。该宫殿始建于260年，于1298年改建成监狱，是监押过航海家哥伦布的监狱，马可·波罗也曾在这里待过并在墙上画了II Milone，如今偶尔会举办展览。

圣乔治银行——世界第一个国家存款银行

热那亚的道路不宽，市民出行都乐于开摩托车，而如今在广州开摩托车是不被允许的，所以你可以在这里尽情享受开摩托车的乐趣，慢悠悠地开着车，感受海风温柔地吹拂着你的脸颊。

➲ 摩托车随处可见

这里有约15公里欧洲有名的防波堤；这里是著名游轮公司MSC的总部所在地，哥斯达游轮公司总部则在离热那亚不远的另一城市。

➲ 约15公里的防波堤

海岸边停靠着两艘游轮

来热那亚前几个月，东哥就是乘坐MSC游轮观赏古巴风景的。MSC邮轮秉承300年航海世家的卓越底蕴，打造私密“船中船”区域，专属定制游轮空间，服务，餐饮美食，岸上游览，全方位打造非凡礼遇，体验超越所享。明星吴尊也很喜欢坐游轮去玩，他说：“坐游轮可以时时刻刻都看到海洋，听到海浪的声音，邮轮上的人都是来度假的，气氛十分舒服欢乐。”所以，大家可以尝试一下乘坐游轮，感受一下那不一样的乐趣。

DAY 3 热那亚旧港的象征

热那亚历史悠久，是意大利第五大城市，曾是海洋霸主热那亚共和国的首都，2004年当选为当年的“欧洲文化首都”。热那亚还是著名航海家克里斯托弗·哥伦布和小提琴大师尼科罗·帕格尼尼的家乡。热那亚及其所在的利古里亚海岸沿岸为著名旅游胜地。

五彩缤纷的海港建筑物点缀着这个城市

热那亚旧港（The Old Harbour）是一个圆形的海港，很热闹，沿着海边建有热那亚水族馆、海洋博物馆、电影院、咖啡馆和美丽的滨海长廊娱乐区。在这里，你可以感受地中海的海风。海边有一艘古老的船，可以拍照留念，登船则需要购买门票，价格是6欧元，只能在甲板上走一走。这艘船的招牌是船头的海神雕像，船尾

停靠在海边的一艘古老的船

象征着工业时代的一个个码头装卸吊车

经过改造，现在是金光闪闪华丽的阳台。

旧港周围是具有年代感的建筑群，这些建筑错落有致，不像现代建筑般突兀、僵硬，吸引了很多休闲的人们。山城旧海港是一座生活与艺术交融的殿堂，充满了创意，荡漾着热那亚的感性与浪漫，美丽与哀愁。

密密麻麻的船停靠在海岸边上

走累了，在这歇息一下也是不错的选择

DAY 4 热那亚现代化与艺术的象征

弗拉里广场

如果说布满了贵族宅邸的加里波第大街是中世纪的高级住宅区，那么这一带就是所谓的官邸区了。现在，弗拉里广场仍然是热那亚的市中心。

杜卡勒宫是城邦国家热那亚总督的府邸，紧挨着的西边建筑物就是圣劳伦斯大教堂。大教堂正面用黑白两色的大理石建造而成，为哥特式

著名的骑马战士雕像

灯光下喷泉变幻着不同的颜色

与旧港一带旧时代风貌相比，这里是现代化与艺术的象征

风格。广场的中央建了一个巨大的喷泉。据说耶稣基督在最后的晚餐中使用的圣杯，就被收藏在广场左侧靠里面的珍宝馆中。

再来看看欧洲将士骑马雕像，马蹄抬起或落地都有不同的寓意：马的两蹄离地的是战死沙场的英雄，一蹄悬空的是战场受伤救治后回到后方牺牲的将领，四蹄着地的是自然死亡。

阳光洒落山头，微风拂过喷泉，好像依稀可以感觉到这座城市的呼吸。大街上满是风格各异的建筑和各式精品店，秀出这座城市的美丽和个性。广场的东南方向有一个丹堤广场，是航海家哥伦布少年时期的故居所在地。

夜，弗拉里广场周边的建筑就像镀上了一层金箔

DAY 5 圣洛伦佐大教堂

圣洛伦佐大教堂立面由黑白大理石镶嵌而成

热那亚圣洛伦佐大教堂有着黑白条纹相间的大理石立面，看起来十分出色。1941年二战时英国的炸弹没有摧毁它，源于穷人们的保护使它得以保存下来。

经过蜿蜒的栏杆和蹲立的雄狮，就能看到修建于1118年的第一座神殿。16世纪又增修了两座钟楼和一个圆顶，直至17世纪才建造完毕。它是一座罗马天主教教堂，也是天主教热那亚总教区的主教座堂。在教堂的地下，发现了古罗马时代的墙壁和路面，还有基督教的石棺，显示此处曾是一个公墓。1296年教堂发生大火，1307年至1312年之间重建内部柱廊，立面仍保持罗马式建筑的原状，并增加了宗教题材的壁画。教堂立面用的材料很特别，是黑白大理石，然后一块一块镶嵌而成。教堂内部风格比较简约，没有常见的那种满是壁画的穹顶。

教堂内部风格简约，顶上有一个圆顶

DAY 6 平凡而独特的五渔村

离开热那亚，从佛罗伦萨前往拉斯佩齐亚乘火车前往“五渔村”。依山傍海的五渔村平凡而独特。五个小渔村静静地躺在利古里亚海边的山坳中，在碧蓝的海水和奇巧的险峰映衬下异常醉人。

五渔村位于热那亚和比萨之间的海湾隶属于意大利20区之一的利古里亚区的海边。被海湾环抱的五个村庄各有特色，村民们数百年前还住在山上，靠种植葡萄及打鱼为生，后来由于列入国家保护范围，加上旅游人士的传播，才引起世界各地人们的瞩目，各方游人也络绎不绝，可见旅游文化力量的巨大。

从东南到西北的五个渔村，分别由5号（里奥马焦雷Riomaggiore）、4号（马纳罗拉Manarola）、3号（科尔尼利亚Corniglia）、2号（韦尔纳扎Vernazza）和1号（蒙特罗索Monterosso）共5个依山傍海的小村镇组成。色彩缤纷的小房子，如一个个糖果盒，紧贴着陡峭的悬崖，重重叠叠错落有致地向大海延伸。在这里，可体验真正的“面朝大海，春暖花开”。由于依山傍水，有晨曦日落，可观海听涛。1号、4号渔村是游客必到之处，摄影发烧友也去5号、2号和3号。4号马纳罗拉是明信片常见的五渔村标志性美图；5号里奥马焦雷也是取景的好地方；2号及3号渔村因要坐车前往且建在较高处，故一般游客都不选择前往。

1号蒙特罗索Monterosso

这是五渔村唯一一个有真正沙滩的村子。到沙滩上走走，可以顺便留意刻在岩石上的一些雕像。当地很多餐馆以新鲜凤尾鱼（anchovies）为主要食材，用不同的烹饪方法做成美食。村上诸多酒吧里的当地酒就是最好

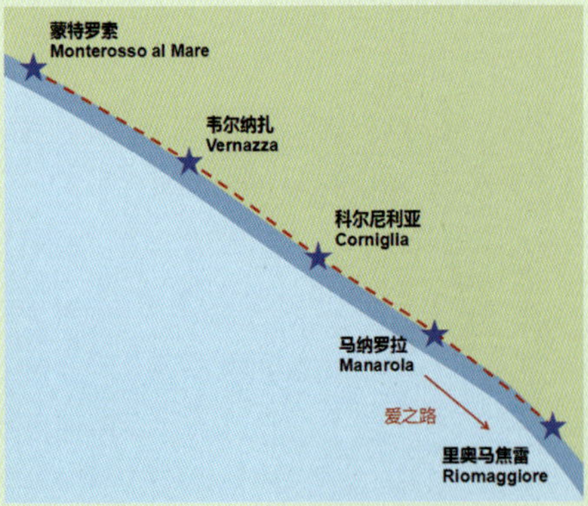

五渔村坐落的位置以及这次前往五渔村的行程线路示意图

蒙特罗索Monterosso是五渔村唯一一个有真正沙滩的小镇

蒙特罗索种满鲜花的房子，随处可见

的配餐佳酿。旅游旺季（夏天）一到，蒙特罗索海度假的游人便激增，此时出游要做好相应的准备。这里的个性化建筑最多，是很多游客在五渔村落脚的首选之地。

穿过盘旋交错的小巷，渔村在悬崖和大海中婀娜延伸，色彩斑斓的渔村在灯火阑珊处熠熠生辉，融化在墙角蔷薇的芬芳中，迷失在文艺复兴时的古城街角里。

渔村在悬崖和大海中婀娜延伸

意大利人生男丁则门前挂蓝色花环，生女则挂粉红色花环

DAY 7 五渔村的世界明信片——马纳罗拉

4号马纳罗拉Manarola

马纳罗拉建在岩石之上，没有沙滩，没有港口，只有一个小小的着陆平台。天气好的时候，在平台与周边岩石上晒日光浴的人不少，也是景观之一。据说马纳罗拉是五渔村中葡萄藤最多的一个村，sciacchetr à 是当地有名甜品酒。此外，这个渔村也有不少中世纪的遗迹。而在Via Rollandi，有一条上山的小路，穿过诸多葡

三个不同时段的马纳罗拉

萄园和酒庄直达山顶，在这儿可以俯视渔村及周围的美景。广州交易会国旅董事长吴锋先生便是陶醉在这美景当中的一位，“废寝忘食”地拍摄马纳罗拉，记录下这明信片村庄的美丽。

乘坐火车，前往下一个目的地

享受惬意的生活

DAY 8 色彩绚丽的里奥马焦雷

里奥马焦雷（Riomaggiore）是五渔村最东南端也是最大的一个渔村。在离地不太高的悬崖上凿出平铺的路面，一侧是山岩，另一侧就是利古里亚海的层层波浪。路上有一尊现代主义风格的“吻”雕像，周边的护栏上挂满了同心锁。而半路上还有短短的一段隧道，隧道内墙上写满了各种浪漫、肉麻的情话。

从火车站到靠山一侧的村上要走过一条地下通道，通道的壁画描绘的是五渔村的先人如何赤手空拳一土一木将五渔村建起来的景象。出了通道，就是村里陡峭的主街Via C. Colombo，街两旁是各种餐馆、小卖部和纪念品店。

火车站的另一侧就是里奥马焦雷的小码头，时常有渔船和载有游客来五渔村游览的客船在此靠岸。码头两侧的山岩上建满了高低错落的楼房，五颜六色的，为码头增添了可爱的氛围。

摄影师拍照，要会拿角度啊！

以上两张照片就是吴先生以“葛优躺”的姿势拍出的明信片风格照

DAY 9 圣雷莫政府

我们来到圣雷莫（Sanremo），到访了市政厅。

圣雷莫市政厅位于当地知名建筑贝尔维尤宫内，是当地的地标建筑之一。

团友辜秘书长接受圣雷莫市记者采访

圣雷莫政府大楼奢华的旋转楼梯

奥尔蒙德别墅

该别墅坐落在镇中心东侧，旁边的花园带有日本风格，环境宁静而优美。

奥尔蒙德别墅

参观圣雷莫市政厅

1839年英、美、俄同时发明电铸板

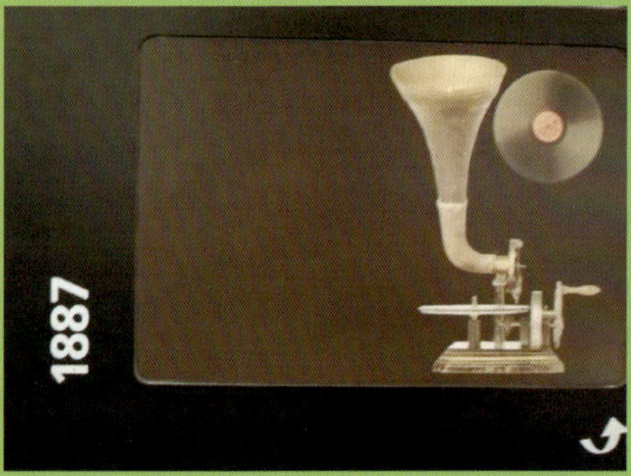

1887年发明电话机

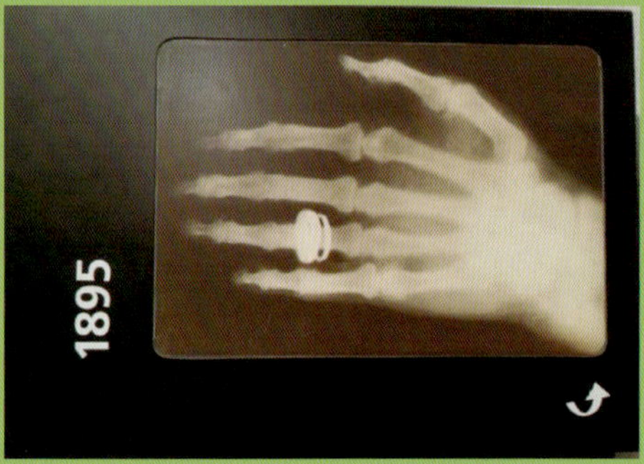

1895年发明X光

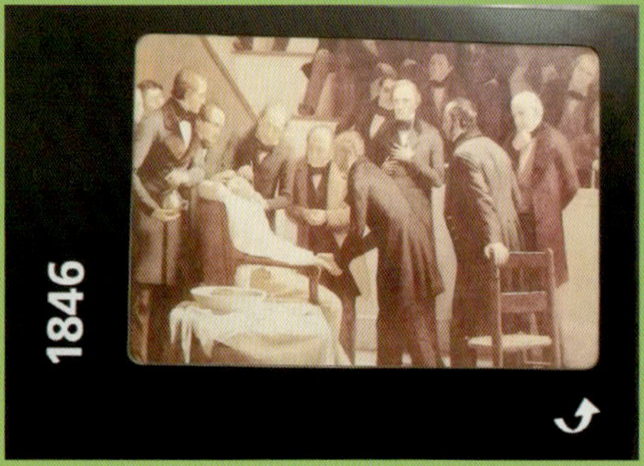

1846年乙醚成功用于拔牙

诺贝尔别墅

该别墅位于圣雷莫东部，是瑞典发明家诺贝尔的别墅，带有摩尔风格。现在这里设有博物馆，诺贝尔生前在此居住时创立了诺贝尔奖。

要特别一提的是我们在诺贝尔故居上了一堂科普课。在诺贝尔别墅负一楼可看到一些世界发明：1839年英、美、俄同时发明的电铸板；1846年乙醚成功用于拔牙；1887年发明的电话机等；1895年发明X光。

诺贝尔别墅如今保存着它靓丽的外表

诺贝尔的雕像

马泰奥蒂街

马泰奥蒂街是圣雷莫最主要的商业街，两侧遍布各种店铺与餐厅，还有各种热闹的街头表演。其中最让我印象深刻的是一位街头艺人那扣人心弦、出色的表演，让人感受到意大利浪漫的气息，甚至有一种回到初恋般的感觉。

晚宴，虽然只是四道菜，再加一个甜点和饭后咖啡，算是本周吃得最快的一个晚餐，但也用了两个小时，可见吃意大利餐有多费时间，简直是用时间磨炼人的食欲。不过，意大利餐实属美食，量少不腻，搭配得当，出品有时，海鲜新鲜，吃过意犹未尽。

马泰奥蒂街头表演者

意大利美食回放

DAY 10 体验刚毅又不乏浪漫的德国

黑格尔故居

来到德国，来到斯图加特，来到黑格尔故居（也是博物馆）。黑格尔故居位于艾柏哈特路53号，乔治·威廉·弗里德里希·黑格尔于1770年8月27日出生于此。

哲学家黑格尔是19世纪唯心论哲学的代表人物之一，其成就和魅力影响至今。

登上斯图加特山顶的旧王宫，可以俯瞰这座名人辈出的欧洲名城。

黑格尔故居

斯图加特山顶旧王宫

在斯图加特山顶旧王宫俯瞰

法兰克福证券交易所

牛击退了熊

法兰克福证券交易所

这是仅次于伦敦交易所的欧洲第二大交易所，也是德国最大的证券交易所。

在这里，你可以见到著名的雕塑——“牛步步为营击退了熊”，和它合照，沾沾它的“牛气”。东哥站在交易所门前，感觉这里泛着红光，预兆我们的股市“有运行”（粤语方言：意指幸运，走运）。据说，“牛市”和“熊市”的说法，也就是所谓“牛市持股赚大钱，熊市套牢要亏钱”，就是来源于此。另一种说法是：公牛代表财富，熊具有超强的治病功能。而这对法兰克福的镇市之宝，被德国人认为最能代表股市的起伏状态，也因此，代表股市上升的牛要比熊足足高了一头。

东哥还特意跑到斯图加特老桥，去抚摸金猴的银盘取意“盘满钵满”，抚摸猴头取意“很快出头”，抚摸小老鼠寓意“子孙满堂”，呵呵。

斯图加特老桥上的金猴

DAY 11 走进罗滕堡

奔驰博物馆

奔驰博物馆坐落于斯图加特。奔驰的标识寓意“幸运之星”。奔驰公司名称起初为“戴姆勒—奔驰”公司，旗下三大品牌梅赛德斯、迈巴克、斯巴特，后来以主打系列“梅赛德斯-奔驰”对外统一称谓。公司在1926年由戴姆勒和发动机制造商奥托合并成立。戴姆勒是斯图加特孙多福人，在相当于中国中专技校毕业后，在罗特林根（发动机厂）工作，奥托是老板。

戴姆勒1885年成功组装摩托车，一段时间后又成功将四个轮子装在汽车上面，生产的凤凰牌汽车卖得最好。1918年开始与奥托合作，1926年正式合并。

梅赛德斯是奥地利人，从小调皮捣蛋，喜欢冒险赛车，曾在铁路公司任职，曾说服火车司机用火车头试速度被公司发现开除。他善于经商，在赚得第一桶金后，于1899年向奔驰公司订购了240辆汽车（每年80台分三年交付），并要求以其女儿梅赛德斯的名字命名（西班牙语“幸福快乐”之意），另将部分资金投资入股奔驰公司。

奔驰博物馆里的藏品

迈巴克曾是奔驰公司最成功的CEO，公司改名“梅赛德斯—奔驰”，就是经他同意的。

奔驰博物馆

罗滕堡市政厅

在德国，有南北两个罗滕堡。南罗滕堡全

名是陶伯河上游罗滕堡（Rothenburg ob der Tauber），是德国巴伐利亚州最出名的小镇，有“中世纪明珠”的美称，是德国旅游的热门目的地，也是德国最受欢迎的旅游线路——“浪漫之路、古堡之路”的重要组成部分，我们到达的正是这个南罗滕堡。北罗滕堡在汉堡西南100公里处，位于维默河畔。

在集市广场Marktplatz旁边的罗滕堡市政厅，有哥特式和文艺复兴式的混合风格。这幢建筑最早可以追溯到14世纪。我们可以登上52米高的钟楼平台（共220级台阶）一览小镇全景。另外，以市政厅为背景的集市广场，也是圣诞市场的中心。

罗滕堡市政厅旁的钟楼

Käthe Wohlfahrt圣诞装饰品商店

这是德国最有名的圣诞装饰品商店，旗舰店在罗滕堡，规模很大，各种精巧美丽的装饰品琳琅满目，一年到头都洋溢着迷人的节日气氛。此店全年开放，出售3万多种德国特色圣诞装饰品和礼品。

罗滕堡市政厅

Käthe Wohlfahrt圣诞装饰品商店

罗滕堡城堡花园

城堡花园在罗滕堡的西端，穿过城堡之门Burgtor，到达一个美丽的花园。花园内绿树成荫，鲜花盛开，还有浪漫的葡萄藤架，非常有诗意。更重要的是，这里还能俯瞰陶伯河谷Taubertal，看河谷绿意盎然，古老的房子点缀其间，流水潺潺。还能沿着小径，在陶伯河谷间散步，一直走到河边的双桥Doppelbr ü cke。

德国小镇天鹅堡路边候车站

罗滕堡城堡花园

聚宝楼，我们的客栈

DAY 12 走入德国旅游名片

新天鹅堡

新天鹅堡无疑已经成了德国旅游的名片，是德国名气最响、旅游者到访人数最多的城堡。它位于德国南部边境的阿尔卑斯山间，在一座近千米高的山顶上。这座当时的国王路德维希二世倾尽国力的杰作，拥有童话般的容颜与风景。

新天鹅堡于1869年开始兴建，17年后路德维希二世辞世时外立面才刚刚建成，他辞世三个月后，政府便将新天鹅堡作为博物馆开放供人参观。

旧天鹅堡

高天鹅堡又称旧天鹅堡或霍恩施万高城堡，是位于德国巴伐利亚州施万高镇下辖的霍恩施万高村的一座城堡，毗邻菲森市，与新天鹅堡隔山相望。城堡于1836年建成，当时的国王路德维希二世在此度过童年。

新天鹅堡

乌尔姆大教堂

乌尔姆市是多瑙河德国段最大的城市，乌尔姆大教堂建成于1890年，以其161.53米高的尖塔成为德国最高的教堂，同时它的尖塔是世界上最高的教堂尖塔。教堂内部可以容纳3万人，是仅次于科隆主教座堂的德国第二大哥特式教堂。

爱因斯坦纪念碑

来到乌尔姆市，不能不去瞻仰1982年瑞士科学院院长设计建造的爱因斯坦纪念碑。

纪念碑坐落在乌尔姆市中心商业中心区，由于战乱及各种自然损毁，已无法在爱因斯坦出生的旧址重建，只能选定大约的位置立碑纪念。纪念碑由上下各12根柱子组成，寓意白天和黑夜各12个小时，也寓意大师发现了相对论。

乌兰姆大教堂

爱因斯坦纪念碑

DAY 13 洋溢着浓浓贵族气息的英国

司各特纪念塔

来到英国，来到苏格兰首府爱丁堡，要来司各特纪念塔。这是一座维多利亚哥特式纪念塔，纪念苏格兰作家沃尔特·司各特。塔高200英尺6英寸（约61米），通过狭窄的阶梯，可以到达尖顶上的一系列观景台，俯瞰爱丁堡市中心及周边景色。登上最高的观景台要攀登287级台阶，爬上去的人可以取得纪念证书。该塔是用开采自附近的Ecclesmachan的砂岩建成，石头中含有沥青，使其变成了黑色。

爱丁堡城堡

观光旅游大巴经过面包街、蜡蛀街，就到了旧地区，就能仰望爱丁堡城堡。到爱丁堡的人都不会错过爱丁堡城堡，因为爱丁堡城堡是爱丁堡乃至于苏格兰精神的象征。

城堡耸立在死火山岩顶上，居高俯瞰爱丁堡市区。每年8月，这里要举办军乐队分列式(Military Tattoo)，更将城堡的庄严雄伟展露无遗。爱丁堡城堡在市中心各角落都可看到。爱丁堡城堡在6世纪时成为皇室堡垒，自此成为重要皇家住所和国家行政中心。

在爱丁堡城堡俯瞰爱丁堡市区

多角度观赏爱丁堡城堡

➲ MUSEUM OF CHILDHOOD，儿童博物馆的展品既古老又新奇

童年博物馆

这是为一个家庭提供消磨时光的好地方。当代的年轻人可以更多了解过去孩子们的生活、玩具以及娱乐趣味等，而成年人则更多是唤醒和享受儿时的记忆。

童年博物馆坐落在爱丁堡皇家大道，是世界上第一个专门专注于童年历史的一个博物馆。它收集了从18世纪到21世纪的很多儿童玩具以及纪念品，曾经的主管人名叫帕特里克·默里（1908年至1981年），他花了大部分精力从收藏家手里获取各个时期的纪念品。

帕特里克·默里曾是爱丁堡议会议员，有一天他环顾爱丁堡四周，突然发现在爱丁堡市区中不能找到一个专门针对儿童的博物馆，于是倾注全力提出并且建造了一个专门致力于儿童展品的博物馆。他的想法终于在1955年开花结果，童年博物馆终于开馆。

这个博物馆的重点是童年的历史，是世界上首个针对儿童以及童年题材的博物馆，也是爱丁堡的一个传统特色旅游项目。博物馆免费开放，每年吸引超过25万人次。

博物馆虽然不大，但非常精致，有5个画廊，处处充满童趣。在这里，你能看到各式各样的英国人小时候的玩具，以及伴随孩子长大的用品，诸如二战时的婴儿防毒面具、19世纪的奶瓶和琳琅满目的模型玩具。在这里，你可以看到孩子们的成长史，听到他们吟诵乘法表。在这里，你可以参与20世纪50年代的街道赛。这里的每个画廊都展示着不同的时空，不同的玩具、游戏空间，涉及近代的卫生、教育、服装的显示器讲述着一个个新奇的故事。

DAY 14 不一样的爱丁堡街头

爱丁堡是英国第七大城市。一个当地的天才作家称赞道：“没有比这里更适合称为王国首屈一指的地方；没有比这里更高贵迷人的景色。”

爱丁堡市中心分为两部分，旧城由世界著名的城堡占据，周围环绕的优美的鹅卵石甬道，把苏格兰的过去和现在紧密联系在一起；新城是幽雅杰出的佐治亚设计风格。王子大道、滑铁卢大道组成的主干道，将爱丁堡划分成新、旧两个城区，火车站北桥对面是旧城区，另外一面是新城区。两条主干道将爱丁堡大致分为4个区域。

1区是西北区，是繁华的市中心。

2区是西南区，是大学、住宅区与剧场等娱乐设施的集中地，共有7家中餐厅，多集中在火车站一带，著名的爱丁堡大学本地生只需5科A（共考八科，相当于国内每科75分或以上；留学生则要求雅思7分），学费每年约一万英镑（本地生则只需三千英镑）。

3区是圣十字架宫一带。

4区是卡尔顿山周边地区，由此可俯视整个爱丁堡市。

➲ 爱丁堡旧城

苏格兰国家博物馆

该博物馆位于爱丁堡，成立于2006年，由原来的苏格兰博物馆和苏格兰皇家博物馆合并而成。博物馆的藏品从恐龙化石到国际象棋，从木乃伊到汽车，探索了苏格兰乃至世界自然、文化、工业、科学和设计的多样性，每一层等待你发现的都是一个截然不同的创造性的世界。博物馆对展品有独特新颖的陈列展示，荣获过国际性的大奖，著名的藏品有克隆动物多利羊的标本。

苏格兰国家博物馆藏品

不少旅客有阅读习惯，车厢里格外安净

我们从爱丁堡去伦敦是坐火车的。在英国坐火车很准时，在网上购票很方便，凭信用卡到火车站取票，一般自己打印出来就可以（针对代购火车票须用自己信用卡）。列车车厢都较旧，但干净整洁，还在每节车厢两边安装有摄像头。车门有推门和趟门两种，最难得的是在候车月台也会有小型便利店提供饮料及报刊等，坐车的英国旅客有阅读习惯，车厢里显得格外安静。

中途，我们特意在格兰瑟姆小镇留宿一晚。小镇离伦敦还有100多公里，是一个不起眼的偏僻小镇。我们为什么要特意前往这个小镇？这是因为小镇走出了两位英国伟大的人物：撒切尔夫人和自然科学家牛顿。撒切尔夫人在20世纪末执政英国的11年半时间里，一次次展示了一个“铁娘子”的魅力；牛顿则提出了物体运动定律，发现了万有引力定律，还在微积分、光学、化学等领域多有贡献。

爱丁堡火车站

圣乌尔弗雷姆教堂

格兰瑟姆镇上的地标建筑，最早建于诺曼时期，现存的建筑是1866年由George Gilbert Scott爵士建造。教堂因为精致的尖顶闻名全英，被著名媒体评论员Simon Jenkins誉为英国最美的教堂尖顶，也因此被列入英国一级保护建筑。

DAY 15 畅游伦敦

伦敦眼

经过长途跋涉，从莱茵河畔来到泰晤士河畔，从英国的北部苏格兰来到南部英格兰，我们终于来到伦敦。才刚刚到达，我们便迫不及待地直奔伦敦眼。

伦敦眼（The London Eye），全称英国航空伦敦眼（The British Airways London Eye），又称千禧之轮，坐落在伦敦泰晤士河畔，是世界第四大摩天轮，是伦敦的地标之一，也是伦敦最吸引游人的观光点之一。

伦敦眼乘坐舱

泰晤士河畔

伦敦眼

伦敦标志性的黑色出租车

伦敦眼于1999年年底开放，总高度135米（443英尺）。伦敦眼共有32个乘坐舱，因舱内外用钢化玻璃打造，所以设有空调系统。每个乘坐舱可载客约16名，回转速度约为每秒0.26米，即一圈需时30分钟。坐上这个巨型摩天轮，可从俯瞰伦敦城，看泰晤士河畔两旁风光、看大笨钟。充满现代感的庞然大物，和周围历史悠久的建筑群相映成趣，给古老的伦敦带来新的活力。

走在伦敦街头上，可看见标志性的黑色出租车，还有红色双层巴士（红色双层巴士第一次驶入伦敦是1954年，号称“英国国宝”）。跨过伦敦桥，城市在晚霞余晖的映衬下格外有大都市的魅力。

号称“英国国宝”的红色双层巴士

从伦敦眼看大笨钟

亚洲展区部分展品：印度神像

埃及展区部分展品：公元前5500年的埃及戈伯伦人

大英博物馆

大英博物馆是世界上最著名的博物馆之一，共有近八百万件藏品，精品众多。从埃及的木乃伊到中国的古董，大英帝国最鼎盛时在世界各地搜罗来的宝贝，全都可以免费参观。进入正门后玻璃顶的Great Court简洁雄伟，正中的圆形读书室曾是大英图书馆所在地，于2000年图书馆搬迁后重新装修开放。

陶瓷女性雕像

大英博物馆

古埃及公元前3000年木乃伊“凯特贝特木乃伊”

公元前27年到公元14年罗马帝国开国君主奥古斯都的头部雕像。在其统治期内几乎所有城市和硬币都有其头像

古代希腊和罗马展厅：公元前470年希腊雅典造，来源于史诗式故事，画有塞壬与奥德修斯的美花瓶

在“生与死”展馆：首先映入眼帘的是一樽1000年前北美地区胡阿哈卡那奈阿石像，重四吨，在公元150年被发现。然后，我们看到展示人们从出生到死亡展示的里程碑式的各阶段生存状况。在大厅的正中央，摆放着由“药店”创作组（由三位纺织家、画家及医生组成的创作团队）创作的名为“从摇篮到坟墓”的艺术品，通过对20岁、40岁、60岁、80岁四个年龄阶段英国人交叉综合分析，计算出英国人每人一生平均要吃掉14000粒处方药丸，通过对女性及男性从出生到死亡的诠释，让参观者重新审视及了解平凡人的生活状况。

密密麻麻摆着1.4万粒处方药丸

胡阿哈卡那奈阿石像

在大英博物馆，珍藏着一尊明代彩瓷弥勒佛像，背后墙壁上的壁画来自山西五台山的寺庙，由几万片大小不一的碎片精细粘合而成，其残余在国内的部分已经在“文革”中全毁。

见识过大英博物馆里的中国宝贝疙瘩，心情复杂，不由得想起马未都先生在谈到该博物馆时的感慨：“250年来，大英博物馆数次改建扩建，最终成了今天的模样，成为世界上屈指可数的超一流博物馆。中国文物自豪地占其最重要的一席，向全世界炫耀那久远绚烂的文明。我走出中国馆的时候蓦然回首，望见所有的中国文物都放射出智慧之光，让人热泪盈眶。”（摘自北青网）

明代彩瓷弥勒佛像

DAY 16 从诺曼底“登陆”法国

犹他、奥马哈、黄金、朱地、箭滩五个登陆点的大体方位

“诺曼底登陆”是第二次世界大战中盟军在欧洲西线战场发起的一场大规模战役，于1944年6月6日早6时30分发起，行动代号“霸王行动”（Operation Overlord）。

这场战役以8月19日盟军渡过塞纳-马恩省河后结束，是目前为止世界上最大的一次海上登陆作战，接近300万士兵渡过英吉利海峡登陆法国诺曼底。

我们一行来到距巴黎西北方向300公里外的诺曼底，眺望犹他、奥马哈、黄金、朱地、箭

耸立在海滩上的纪念碑

美国纪念馆及烈士墓园

滩5个登陆点的大体方位，瞻仰了耸立在海滩上的纪念碑，美国纪念馆及烈士墓园，登陆的第一张图片、19天登陆的人数及舰船数量、先遣伞兵打暗号用的口哨……一件件历史遗物带引我们的思绪穿越时空。有一件物品特别引人注目，那就是升上登陆海滩的汽艇，原来是阻击敌机的屏障，飞机碰到汽艇就会爆炸，是防空之用。

诺曼底登陆纪念馆

DAY 17 艺术的盛宴

巴里雕刻的《狮子踩蛇》

罗浮宫

位于巴黎的罗浮宫博物馆，也是法国国王的故居，在过去的两个世纪，是世界上最大的博物馆之一。该博物馆分为八个馆：东方古物、埃及、希腊、伊特鲁里亚和古罗马文物、绘画、雕塑、售卖艺术品、伊斯兰艺术和绘画艺术，时间跨度从中世纪直到1848年。

狮身人面像

法王弗朗索瓦一世时，把罗浮宫改建为王宫。出于对艺术的热爱，他邀请当时欧洲的顶尖艺术家来法国生活创作（达·芬奇就是其中一位），并收集了许多意大利名画。其后经历亨利二世、亨利四世、路易十四等的扩建，博物馆又增加了大量艺术珍品。法国大革命后罗浮宫开放为博物馆。之后拿破仑、拿破仑三世称帝，藏品继续大幅增加，罗浮宫也一再被扩建。20世纪80年代，华裔建筑师贝聿铭设计的玻璃金字塔大门，则为罗浮宫锦上添花。

伊尔《总督雕像》

DAY 18 法国乡村文化小镇寻宝

枫丹白露宫

这座有名的宫殿是巴黎近郊的皇宫博物馆，“枫丹白露”由朱自清先生译得，而徐志摩将它译为“芳丹薄罗”，法文原意为“美丽的泉水”。这里除陈列法国多位皇帝居住期间曾用过的物品器皿外，枫丹白露宫中“拿破仑馆”及“中国馆”都是值得一看的，特别是法国皇帝拿破仑三世的欧也妮王后建立的“中国馆”。当时兴建的原因很简单，就是为了存放抢自圆明园的文物——1860年英法联军劫毁圆明园后，侵华法军司令孟托邦把从圆明园抢劫来的所谓战利品敬献给拿破仑三世和欧也妮王后。这里收藏的中国历代名画、金银首饰、瓷器、香炉、编钟、宝石和金银器也有3万多件。在西方博物馆中，收藏和展览圆明园珍宝最多

枫丹白露宫

聚宝隆庭

一座供着小佛像的西藏镀金舍利塔

最好的要数枫丹白露宫，其中的“中国馆”可以说是圆明园在西方的再现。

巴比松画家村

巴比松画家村是巴黎南郊的一个村落，“巴比松画派”诞生于此。多位现实派画家到过这里，如柯罗（J.B.C.Corot）、卢梭（The'odore Rousseau）以及米勒（Jean Francois Millet）。巴比松画家村至今依然保持着小镇的古朴和宁静。

巴比松画家村

莫雷小镇

坐落在塞纳河支流鲁因（Loing）河畔的一个小镇，小桥流水，环境清幽，风景优美，十分值得游览。

塞纳河支流鲁因河畔

莫雷小镇

凡尔赛宫

凡尔赛宫是世界五大宫殿之一（其他四大宫殿分别是北京故宫、英国白金汉宫、美国白宫和俄罗斯克里姆林宫），1979年被列入世界文化遗产名录。凡尔赛宫1624年由路易十三购置地皮后开始建造，历时数十年才建成。1789年法国大革命，路易十六被巴黎民众挟持，最后送上断头台，宫中文物宝藏被抢劫一空。后来，在拿破仑时代得到重整，才有今天的样貌。

与北京故宫比较，凡尔赛宫是平顶，故宫则是伞形顶；凡尔赛宫设计讲究几何图案对称，故宫则讲究风水，步步高升。

路易十四铜像

路易十五雕像

行程小Tips

1. 由于欧洲日夜温差较大，出于环保方面考虑，大部分酒店没有空调，不配备牙刷、牙膏、拖鞋、木梳及洗发水、肥皂、浴衣等。

2. 欧洲较多酒店无电梯，或电梯非常小，一般只能容纳2人。欧洲的一层标号是0层，如果标号1层，实际上是第2层。

3. 欧洲酒店的自来水都可直接饮用，所以酒店内一般没有饮用热水供应，如习惯饮用热水，请自备烧热水之用品。

4. 入住酒店沐浴时，切勿让水排到浴缸外，如果浸湿地毡，酒店可能会索赔 300 欧元至 1000 欧元。

5. 欧洲法律规定，司机开车时间不得超过 9 小时/天，每天必须有至少12小时休息；司机每行驶两小时后必须休息20分钟。如果您有额外服务的要求而需要司机超时工作，需要征得司机的同意，同时要支付50～200欧元/小时的额外费用。

出行装备

1. 防晒霜、防晒帽、墨镜、晴雨伞 □
2. 护照、签证、身份证 □
3. 单反、三脚架 □
4. 急救小药包 □
5. 烧热水之用品 □
6. 口罩 □
7. 拖鞋、牙具、洗漱用品 □
8. 多用两脚圆形插头 □
9. 随身水瓶 □
10. 充电宝 □
11. 外套 □

东哥带路公众号

东哥带路微博

冰梦奇缘之旅示意图

冰梦奇缘挪威芬兰冰岛10天追梦欧若拉

天数	行程与细节	交通	住宿
第一天	**中国—特罗姆瑟** 当天指定时间在机场集合，乘国际班机经斯德哥尔摩转机飞往特罗姆瑟。 抵达后， 如果时间早可以乘坐缆车上斯托尔斯迪乐恩山看特罗姆瑟的夜景。 当晚入住特罗姆瑟或附近小镇酒店。	飞机	当地四钻或特色酒店
第二天	**特罗姆瑟—希尔克内斯** 吃完酒店早餐后游览挪威北部最大的城市特罗姆瑟，它以熙熙攘攘的夜生活和各种供应北极生鲜物产的餐厅著称。处在北纬69° 20′的特罗姆瑟，被誉为“北极之门”，对于那些迫切希望一睹欧若拉魅力的游客来说，这座城市无疑是上佳选择，每年9月至次年3月都能观赏到北极光。 游览景点：参观北极教堂（外观），走访港口区。它是特罗姆瑟这个城市起家的地方，坐落着数幢经过重建的彩色仓库建筑，五彩的小房子整齐地排在岸边，像在日夜等候出海的船只平安归来。 最后搭乘飞机飞往位于挪威东北部的博克峡湾深处的希尔克内斯，作为海达路德航程的最后一站，你会感到自己来到了世界的尽头。	飞机 + 专车	当晚入住希尔克内斯或附近小镇酒店
第三天	**希尔克内斯—伊纳里—伊瓦洛** 吃完酒店早餐后前往芬兰北部拉普兰地区的伊纳里，面朝浩渺的伊纳里湖，虽然人烟稀少，却是萨米文化的中心和拉普兰有趣的文化亮点。镇上拥有一流的文化博物馆和地道的手工艺品店，周边还散布着荒野教堂和驯鹿农场。探访希达（Siida）的萨米土著博物馆和民俗村，领略他们极具民族色彩的文化。	专车	当地四钻或特色酒店

天数	行程与细节	交通	住宿
第四天	**伊瓦洛—萨利色尔卡—罗瓦涅米** 吃完酒店早餐后前往北部城市萨利色尔卡，它位于北极圈内500公里的北拉普兰，是一块尚未遭到人为破坏的荒原处女地，也是地球上最北的旅游胜地。 游览景点：参观薛达博物馆，它是由萨米博物馆及北拉普兰自然中心两部分组成，通过多姿多彩的展览生动地向游客讲述了北极地区土著居民的生活、畜牧驯鹿传统以及语言发展的特征等。同时客人也可以根据喜好，自费参加雪地摩托的体验。	专车	当地四钻或特色酒店
第五天	**罗瓦涅米—北极圈—圣诞老人村—北极狗拉雪橇—驯鹿场** 吃完酒店早餐后游览被誉为"北方女皇"的罗瓦涅米。它位于北极圈，是拉普兰省的第一大城市，绝大多数游客都是从这里开始他们的极地之旅的。远来的旅客们首先要做两件"大事"，第一是要把双脚横跨在北纬66度33分的北极线上拍一张留念照，第二是领取自己进入北极圈的证书。然后前往圣诞老人村，与圣诞老人会面并合影，在圣诞老人的专署邮局为亲友寄上祝福的卡片，参加跨越北极圈仪式。 吃完午餐后开始充满动感的雪地之旅，乘坐北极狗拉雪橇滑过雪地，之后参观驯鹿农场，给可爱的驯鹿喂食，与之玩耍合影。	专车	当地四钻或特色酒店
第六天	**罗瓦涅米—赫尔辛基** 吃完酒店早餐后乘坐国际航班前往赫尔辛基。抵达后，游览赫尔辛基，它是除了冰岛的首都雷克雅未克之外，世界上纬度最高的首都。城内里有大量日耳曼式和俄式的精美建筑，湖泊星罗棋布，是一座安详而平和的花园式的城市。 游览景点：赫尔辛基最著名的建筑、芬兰建筑艺术上的精华赫尔辛基大教堂（外观）、西贝柳斯公园及西贝柳斯纪念碑、沙皇亚历山大二世之像所在地元老院广场。游览市内名胜，建于 1852 年之圣三教堂，售卖鲜花、蔬果及手工艺品的市广场。 这天特别安排前往芬兰当地人家家访，更加近距离地了解芬兰人家，听芬兰妈妈讲述芬兰人的故事。	飞机	当地四钻或特色酒店

天数	行程与细节	交通	住宿
第七天	**赫尔辛基—雷克雅未克** 吃完酒店早餐后乘坐国际航班飞往雷克雅未克。抵达后，开始游览冰岛首都。它是世界上纬度最高的首都，也是冰岛最大的港口城市。雷克雅未克城市道路发达，环境极为整洁，是一座现代化的城市。它因空气清新、无煤烟困扰，而获得“无烟城市”的美称。 游览景点：参观位于市中心的雷克雅未克大教堂，全名叫哈尔格林姆斯教堂，是该市的地标性建筑物。然后参观新旧市区，小巧玲珑的市中心商业区及国会公园。	专车	Fairfield Inn & Suites by Marriot Omaha Papillion 或同级
第八天	**雷克雅未克** 吃完酒店早餐后开启冰岛著名的“黄金圈之旅”。 游览景点：冰岛人最喜爱的瀑布黄金瀑布、盖锡尔间歇喷泉、Kerit 火山口，外观冰岛古议会旧址辛格维利尔国家公园，它是冰岛历史上最享负盛名的圣地，亦是国家的摇篮。	专车	当地四钻或特色酒店
第九天	**雷克雅未克—（转机）—国内** 吃完酒店早餐后，乘车前往机场搭乘国际航班返回香港。	飞机	飞机上
第十天	**广州** 抵达广州白云国际机场后，结束愉快的旅程。	飞机	

温馨提醒：本书所载旅游线路仅供参考，具体以当时旅行社提供的资讯为准

服务热线：020-28865301，13392686898

印象古巴

作为一个财务工作者和旅游爱好者，东哥心中一直有一个愿望，就是到所有社会主义国家去游历和考察。为此，东哥去过俄罗斯、越南、朝鲜、柬埔寨等国家。而念念不忘的是遭受资本主义、遭受美国重重封锁的、位于南美洲的“社会主义明灯”——古巴。

终于，机会来了。2016年11月20日，我参加了由广州良辰美景国际旅行社组织的为期12天的MSC游轮古巴航线游，领略了南美洲西加勒比海沿途的美好景色，实现了我多年来的愿望。

探访社会主义国家古巴。追寻古巴民族英雄，管治古巴数十年的卡斯特罗·鲁斯·菲德尔的革命历程；深入解读南美革命先驱格瓦拉·埃内斯托·切生命不息革命不止却“革命未捷身先死”的悲壮人生；实地了解发生在20世纪五六十年代的古巴革命的历程，猪湾反击战、苏美古巴导弹危机；亲身感受古巴医疗、教育的全面免费……

第五辑

浪漫篇

哈瓦那
La Habana
阿姆斯特丹
Amsterdam
广州
GuangZhou
古
巴
科兹美
Cuzamil
乔治敦
Georgetown
蒙特哥贝
Montego Bay

古巴之行示意图

古巴是一个位于烟波浩渺的加勒比海上的美丽岛国，其首都哈瓦那素有“加勒比海明珠”之称。该国一年四季气候温暖，有着万里无云的蓝天，蔚蓝清澈的海水，柔软细白的沙滩，充足的阳光和清爽的海风，被誉为“人间的伊甸园”。

古巴位于加勒比海西北部，总面积110860平方公里，由4195个大小不等的岛屿组成，其中两个最大的岛是古巴岛和青年岛。古巴岛面积104945平方公里，形状狭长，从西到东全长1250公里，最宽处191公里，最窄处31公里。古巴以白人为主，也有黑人及混血人种。古巴人说的是西班牙语。在古巴曾经居住有近12万华人，但古巴革命后，华人都离开了古巴，现在留在古巴的华人或华人后代已不多见，但在哈瓦那还可看见当年的华人会馆、唐人街等，还有新建的孔子学院。古巴人对中国人十分友好，热情。

古巴的货币是比索。但外国人在古巴购物必须使用可兑换的货币，称为红比索，汇率与美元相仿。用红比索购物，价钱相当高，而使用当地比索则价钱很低，但很多在商场里售卖的商品是凭票限量供应的，外国人无法购买。古巴实行的是计划经济，由于美国的经济制裁和封锁，从1962年开始古巴对居民的基本消费品实行平价定量供应，政府每年对定量供应的消费品进行大量的财政补贴。定量凭票供应的日常消费品包括但不限于大米、白糖、咖啡、肉类、黑豆、面包、蛋品、洗衣皂、香烟、雪茄、食盐、卫生纸，等等。

MSC游轮在茫茫大海中划出一道美丽的航线

古巴的矿产资源相当丰富，储量巨大，经探明的矿产包括煤、铁、铜、铬、镁、大理石、石油、天然气等，但很多矿产资源仍未充得到分开发利用。

古巴的植物种类丰富多样，有8000多种，同时动物种类也非常繁多，有13000多种，有“博物学家乐园”的称号。古巴种植的经济作物有甘蔗、烟草、酸性水果、咖啡等；粮食作物主要有稻米、玉米、豆类、薯类等。古巴的工业体系主要有制糖业、石油工业、电力工业、采矿业、钢铁工业、烟草工业。

作为社会主义国家，古巴的社会保障制度实行全民保障制度，即全面保障并由国家包揽社会保障的全部费用，个人无须缴纳任何社会保险费。全民免费教育和免费医疗是古巴宪法所规定的。古巴人从学前教育到大学毕业其学费和书本费全部由国家负担。所有古巴人都有免费看病和免费治疗的权益，因而惠及每一个古巴公民。古巴的社会保障体系的覆盖率达到100%，体现了社会主义的优越性。

这次古巴之旅确实令我眼界大开，受益匪浅。我们一行20多人于2016年11月22日早上抵达古巴首都哈瓦那，开始了“和谐号”MSC游船之旅，11月22日、23日、24日在哈瓦那游玩，晚上在游轮上住宿，白天上岸。

DAY 1 向加勒比海明珠出发

可凭国内信用卡附属贵宾卡免费休息和就餐

干净宽敞的沐浴间

从广州搭乘国际航班经阿姆斯特丹转机飞往古巴首都哈瓦那。在荷兰首都阿姆斯特丹机场贵宾休息室，可凭各种国内信用卡附属贵宾卡免费休息和就餐，长途转机特别推荐付费使用该机场干净宽敞的沐浴间。

DAY 2 象牙粉沙滩巴拉德罗

吃完酒店早餐后，乘车前往世界闻名的有着“象牙粉”之称的巴拉德罗。这里有22公里长的白色沙滩，是世界最著名的十大海滩之一，集蔚蓝大海、沙滩、阳光于一体，是古巴最重要的旅游目的地之一。这里只对游客开放，可以说是全古巴最不像古巴的地方，却又是古巴最像天堂的地方。它有连绵不断的细柔白色沙滩，清澈温热的海水，还有无与伦比富

向海里走出很远的距离，海水也只漫到你的腰部

巴拉德罗酒店

于变幻的蓝色水域，所有这些使其享誉世界。巴拉德罗地区海洋底部拥有各种各样的珊瑚，因此潜水成为最受欢迎的水下活动。当晚我们入住巴拉德罗或附近小镇酒店。

下午，我们租用了一条游船，就在巴拉德罗酒店后面活动。游船开出红树林不久，两名水手就先后下水捉龙虾、海螺和珊瑚鱼。他们像浪里白条那样身手敏捷，先后在水中徒手抓到十几只硕大的龙虾、七八个海螺，另外还用自制鱼枪捕捉了几条珊瑚鱼。美味的大龙虾是必须品尝的海鲜。通过观察和浮标定位，浮潜追踪，蛙人下水等方式，不到一小时水手们就大有斩获。原来两位“捉虾能手”来自国营单位，从1991年开始在该水域工作并已干了25年。本来一周可休息一天，但到了古巴的旱季由于预约的游客太多，他们除了一周工作排满外且有时一天需出海两次。除自身热爱工作外，还可以每月赚取工资300元人民币之外的游客午餐的额外收入，可谓一举两得。

准备开吃新鲜的龙虾

海螺

硕大的龙虾新鲜肥美

刚刚捕捉的龙虾

由东向西沿海岸延伸十多公里的海滨大道

DAY 3 恬静悠然的哈瓦那

吃完酒店午餐后乘车约两小时返回哈瓦那游览。哈瓦那是古巴共和国的首都及最大城市，是古巴全国的经济和文化中心。哈瓦那于1982年被联合国列为世界文化遗产，被认为是拉丁美洲最美丽的都城。沿着由东向西沿海岸延伸十多公里的海滨大道漫步，沐浴着海风，令人心旷神怡。

哈瓦那地处热带，气候温和，四季宜人，有“加勒比海的明珠”之称。

沿途所见很多是16世纪、17世纪西班牙式的古老建筑，使人仿佛回到了过去的年代。这些古建筑至今还在使用，而且保护得很好，毫无破损的痕迹，体现了古巴西班牙殖民时期城市的繁荣。

朗姆酒厂

朗姆酒工厂酿制过程的模型

在哈瓦那旧城，我们参观了著名的朗姆酒厂和雪茄烟厂。朗姆酒和雪茄烟是古巴文化的精华，深受古巴人和东西方人的喜爱。

朗姆酒属于天然产品，为古巴人的传统饮料，是由制糖甘蔗汁加工酿制而成的蒸馏酒，其质量和价钱由陈酿时间决定。陈酿过程除去了垂质醇，把令人愉悦的酒香保存下来，且越陈越香。朗姆酒因其口感甜润且芳香馥郁而闻名于世，成为到古巴必须品尝的佳酿，也是高尚名贵的礼品。

朗姆酒以哈瓦那俱乐部品牌为最优，深受欢迎。英国大诗人威廉·詹姆斯曾说：“朗姆酒是男人用来博取女人芳心的最大法宝，它可以使女人从冷若冰霜变得柔情似水。”

哈瓦那街头古老的建筑

H•UPMANN雪茄

雪茄烟厂

古巴的烟草工业历史悠久，举世闻名，主要产品为雪茄和烟斗丝。早在16世纪，古巴的烟叶和雪茄就销往欧洲。18世纪初西班牙国王颁布专卖雪茄法令，在哈瓦那成立“烟草专卖公司”，垄断全部烟草贸易。烟草工业在古巴经济中占有重要的地位。

店员为我们介绍雪茄

手工制作雪茄

雪茄烟的制作工艺复杂而独特。每根雪茄烟由5种不同品种和风味的烟叶叠加混合制成，松紧适度，按烟叶配方的不同分成不同的品种。按照烟叶搭配的不同，古巴雪茄共有34个品牌，每个品牌又分为十多个品种。古巴雪茄丰富多彩，每根都具有不同的风味，让人回味无穷。

古巴名牌雪茄有科希瓦、蒙特克里斯托、罗密欧与朱丽叶等。

抽吸雪茄十分考究，为富商权贵所青睐。据说英国前首相丘吉尔、美国前总统肯尼迪都很喜欢抽古巴雪茄。据说肯尼迪喜欢抽H•UPMANN牌PetitCorons型号的雪茄。1962年他对古巴实行全面经济封锁前，就疯狂购买该品牌的古巴雪茄1200多支以备多年之需。这一典故，可用“与之为敌，不废子烟”来形容。

苏联领袖斯大林喜欢抽古巴的烟斗丝，卡斯特罗喜欢抽高斯巴牌雪茄，切·格瓦拉则喜欢抽基度山牌雪茄。

现在许多中国富商也形成以抽古巴雪茄烟为荣的风气，形成一种独特的文化现象。雪茄烟的吸法和保管都十分讲究，温度必须在16～18摄氏度之间，湿度在60%～80%之间，否则风味会发生变化。

由于古巴雪茄必须由人手工搭配卷制，产量有限，因而价格昂贵，在古巴实行限量供应，每个成年人限每月供应5盒（50支），出口限制则是每个外国旅客只能携带50支雪茄出境。

莫罗三世城堡

在莫罗三世城堡与拉蓬塔城堡之间曾经有一条粗铁链，用来管理来往于穿过哈瓦那港运河上的船只。由于失去了作为城堡的必要性，所以莫罗三世城堡曾作为监狱来使用，如今则起着灯塔的作用。

这里是哈瓦那当地人推荐看日出日落的好地方。城堡扼守哈瓦那湾的出海口，站在城堡上可以欣赏到最好的哈瓦那城市全景。现在城

夜幕降临，MSC游轮灯火通明

黄昏中的莫罗三世城堡

堡是一个博物馆，展出了大航海时代古巴被西班牙殖民者发现的历史以及当时印第安居民的生活状况。

最后前往码头办理登船手续，由领队带领，大家参观邮轮上丰富多彩的娱乐设施，夜宿邮轮上。

DAY 4 沧桑感的哈瓦那旧城

吃完邮轮早餐后，继续游览哈瓦那。哈瓦那可分为旧城和新城两部分，旧城位于哈瓦那湾西侧的一个半岛上，面积不大，街道狭窄，至今还留有许多西班牙式的古老建筑，是总统府所在地，华侨大部分也聚居于此。

哈瓦那旧城是建筑艺术的宝库，拥有各个时期不同风格的建筑，1982年被联合国教科文组织列为“世界文化遗产”。

新城濒临加勒比海，建筑整齐美观，有豪华的旅馆、公寓、政府机关大厦、街心花园

纵横交错的古旧街道，夹杂着城堡、教堂、修道院、广场、雕像

这幢大楼于1907—1909年修建，是哈瓦那最漂亮的商业办公区

哈瓦那街头的马拉车

老爷车满街跑

等，是拉丁美洲著名的现代化城市之一。

我们游览了革命广场、国会大厦广场及武器广场，三处广场上的建筑映射出古巴、美国和西班牙三种文化形态，简直就是一座“人类历史遗址”的古城。纵横交错的古旧街道，夹杂着城堡、教堂、修道院、广场和雕像，给人一种深深的沧桑感。尤其是两边的店铺、住宅风格各异，更显岁月久远而不失繁荣，使人似乎回到了16世纪的欧洲。

哈瓦那街上还有一个特色，就是老式汽车满街跑。这些老爷车多是20世纪中叶出产的世界名牌轿车，款式众多，颜色各异，十分惹眼。这只因美国长达七十多年的经济封锁，当地汽车未能及时换代更新而一直沿用至今。这些老爷车都是哈瓦那城市的载客出租车，因年代久远，故在行驶时会发出轰隆隆的巨大噪声，有些吓人。它们都保养得体，颜色鲜艳夺目，吸引了许多外国游客租车兜风游览市容，实为哈瓦那街头一景。据说由于美国的封锁和经济制裁，造成古巴物资极端贫乏，新汽车只能从中国进口，且被政府企业垄断，价格十分昂贵。而由于机动车奇缺要用畜力车作为交通工具，所以，在哈瓦那现代化的街道上亦有许多马车在飞驰，也可以说是街头一景。想必在世界其他城市难得一见。

革命广场

这个广场于1959年建成。占地面积7.2万平方米。它与北京的天安门广场的意义和性质类似，因为古巴革命胜利而更名为革命广场。广场的正中央是17米高的何塞马丁大理石雕像。何塞马丁是古巴最著名的革命领袖和诗人。雕像后面是142米高的瞭望塔，这是哈瓦那最高的建筑。

广场周围是很多古巴重要机关的所在地，北侧是古巴内务部和古巴通信部。内务部的外墙上有巨大的切・格瓦拉像以及切・格瓦拉的名言“永远走向胜利”（Hasta La Victoria Siempre）。通信部外墙的头像是另一位革命领袖卡米罗（Camilo），他与卡斯特罗当年共同领导了古巴革命。

革命广场正中央是17米高的何塞马丁大理石雕像，雕像后面是142米高的瞭望塔

革命广场周围的建筑还包括古巴国防部、古巴国家剧院和国家图书馆。

通信部外墙的头像是卡米罗

国会大厦

位于哈瓦那老城区的国会大厦，是古巴最具特点的建筑，它既是哈瓦那市的地标，也是世界上最著名的六大国会宫殿之一。大厦里有一座象征古巴共和国的女神雕像，为世界上第三大室内雕塑。哈瓦那的这座国会大厦可以与

在装修的哈瓦那国会大厦

哈瓦那老广场充满了历史文化气息

美国华盛顿的国会大厦并称为“姐妹楼”。

如果不是从旁边的哈瓦那小巷子走到这里，我会以为自己身处现代欧洲的某个小城广场。

广场四周是咖啡店、酒店和比较高档的商店。伫立在巷子远处的国会大厦引人注目。在小巷子里面藏着casa，餐馆，纪念品店等，尽显古巴风情。广场上，游客闲庭信步，孩童嬉闹，呈现一派祥和的景象。

DAY 5 追寻海明威的足迹

来到古巴，不能错过文学巨匠——1954年诺贝尔文学奖得主海明威。他虽然不是古巴人，但他一生大部分时间都是在古巴度过，并在古巴创作了诸如《永别了，武器》《太阳照常升起》《丧钟为谁而鸣》《老人与海》等脍炙人口的小说。所以，古巴人民对海明威很崇拜，海明威生活和工作过的地方，已成为古巴人和国外游客争相瞻仰的地方。

为追寻海明威的足迹，我们一行心怀崇敬，来到哈瓦那老城区的“两个世界”酒店，参观海明威曾经居住过的511号房间。据讲解员介绍，海明威1928年初到哈瓦那时，就住在该酒店的511号房间，并完成了小说《丧钟为谁而鸣》的创作。

沿着古街道穿行，有一个“五分钱小酒馆”，这里是海明威当年经常光顾之地。我们进去品尝了一杯海明威最喜欢的用朗姆酒调制的Mojito鸡尾酒，体会一代文豪钟情的古巴朗姆酒风情。

从古巴首都哈瓦那驱车离开首都，约30分钟车程就可以到达海明威在哈瓦那的郊外故居。这是海明威的别墅庄园，又名“瞭望山庄”。据讲解员介绍，海明威从1939年至1960年在此度过并创作了《老人与海》《移动的盛宴》等多部小说作品。

这是一座占地20英亩的西班牙建筑，包括主楼（有会客室、书房、主人房、客房、衣帽

这里埋葬了海明威的4只心爱的小猫

海明威故居里的书房

海明威当年经常光顾的五分钱小酒馆，可品尝一杯海明威最喜欢的用朗姆酒调制Mojito鸡尾酒

海明威故居里的客房

凭票领取日用品的办货公司

光顾这里的顾客需要格外的耐心

间等）及旁边的一小幢书房。起初该房屋是海明威租用的，后来有了大笔稿费收入才买了下来，来加建了观景小洋房作为书房，可能是为了写作能有灵感而建吧。

在主楼的右下方建有游泳池和网球场，后来网球场被改造，用来展示海明威的小游艇。在主楼的左下方，是一大块草坪。在海明威居住期间，很多邻居小孩都爱翻墙进来打棒球。在游泳池旁还埋葬了海明威4只心爱的小猫，以及为它们特别修建的小墓地，让人似乎感受到海明威的铁汉柔情。

由于被美国长期封锁和限制，加上老卡斯特罗兄弟长时间执政，形成古巴人的思想僵化。古巴改革进程缓慢，政府不准私有化的存在，所以才有社会主义形式的凭票领取日用品办货公司的存在。

古巴人安于现状，习惯了由政府安排的安逸生活。虽然物质缺乏，但古巴人的幸福指数却很高，享受着无忧无虑的生活，到处洋溢着一种

古巴郊外随处沿用的美国校车

悠闲的生活情调，一切都是慢悠悠的状态。我们到饭店用餐，有时两三个小时还未见食物上台，大家也十分无奈。

哈瓦那郊外随处可见各种西班牙风格的旧民房，而美国校车和老爷车也沿用至今。

据介绍，1959年之前，这里的生活非常优越，当时哈瓦那的城市汽车拥有率排名世界第六，如今却物资短缺，难免令人有今非昔比之慨叹。

各种西班牙风格旧民房

DAY 6 西加勒比海之旅

游轮全天航行在加勒比海上，可以尽情享受邮轮上的各种娱乐服务设施，也可以换上泳

阳光正好，适合游泳的天气

PARTY TIME

游轮上看落日余晖

衣，在邮轮上带有活动天幕的游泳池里嬉戏玩耍，即使天气不好也同样可以享受到露天泳池带来的快乐。

不能错过的是，游轮上有各类商店可供选购免税的纪念品和礼品。

古巴灯塔，照亮前方的路

自五湖四海的人汇集一起尽情欢乐

在船上尽情购物

DAY 7 金融中心乔治敦

早上，我们登岸乔治敦。

乔治敦位于大开曼岛，是英属开曼群岛的首都，面积29平方公里，由英国人管治，是世界知名的避税天堂，岛上有超过600家银行，还是世界众多公司的注册地。据说，这里是仅次于美国纽约、日本东京、英国伦敦和中国香港的第五大金融中心，真是令人意想不到。该岛还盛产龙虾、海龟、鲨鱼及海参等。

该岛还保留了许多苏格兰的传统风俗习惯。我们参观了当地的海龟农场，可以与海龟亲密接触哦。

"会飞"的海龟

这个外墙写有“WELCOME TO THE HELL”字样的房子是一个旅游纪念品店，是景区内仅有的两栋建筑之一。所谓的“地狱”

旅游纪念品店

恶魔雕像

很抢眼的蜥蜴

有150万年历史的黑石头

（THE HELL），就是一大片黑色的石灰岩，形状狰狞，阴森荒凉，给人以地狱的感觉，据说从地质学的角度来看，这地方很有价值，这些黑石头已有150万年的历史了。

DAY 8 玛雅文明遗址探访灭亡的玛雅人

游轮抵达墨西哥的科兹美岛，我们游览拉丁美洲最大、最刺激的主题公园以及图伦玛雅遗址。

科兹美岛是14世纪玛雅文化末期最繁荣的宗教都城的遗址地，也是加勒比海一处典型的度假胜地，阳光满溢的象牙色沙滩上有摇曳生姿的棕榈树及珊瑚礁。沿着如诗如画的圣米盖城的滨海大道而行，一边品评墨西哥风味，一边享受海风的吹拂，到属于古文明遗迹的图伦来一趟废墟巡礼。这处优雅宁静的世外桃源，是古代玛雅人的圣地。世界最古老的文明之一——玛雅文化的遗迹就完整地保存在科兹美岛。当地的银器首饰等手工艺品很有名，吸引着艺术收藏家们的目光。

隶属于拉美文明的玛雅文明，是古代分布于现今墨西哥东南部、危地马拉、洪都拉斯、萨尔瓦多和伯利兹等5个国家的丛林文明，虽然处于新石器时代，却在天文学、数学、农业、艺术及文字等方面都有极高的成就。好玩的是，在2012年12月22日到来之际，我们似乎都多少有些忐忑不安，因为玛雅人的五大预言中前四个据说已经应验，只差最后一个所谓“2012年的世界末日”了。

古代玛雅人的圣地

所谓玛雅人的五大预言是：

1. 预言了玛雅人自己的灭亡。

2. 预言了我们这一代人有飞机汽车等这些高科技产品。

3. 预言了我们这一代要出一个希特勒这样的人，并且预测了他的出生与死亡日期。

4. 预言了毁灭性战争的爆发时期。

5. 预言了2012年12月21日的黑夜降临以后，12月22日的黎明永远不会到来。

更好玩的是，至今仍有一些学者不愿意相信玛雅人的第五个预言失灵了，他们还在研究玛雅历法，想证明现代人把日期搞错了。

玛雅文化遗址的复原图

加勒比海风景

DAY 9 悼念菲德尔·卡斯特罗

中午离船上岸，即听到菲德尔·卡斯特罗已于11月25日去世的消息，深感震惊。古巴政府宣布进行为期9天的哀悼并为其举行国葬。

老卡斯特罗以铁腕治国闻名，领导古巴超过半个世纪，在古巴国内享有崇高的地位，深受古巴人民的爱戴，在国际上也有崇高的地位。

11月29日晚上，卡斯特罗的追悼大会在哈瓦那革命广场举行，由其弟弟劳尔·卡斯特罗主持并致悼词。我们一行20多人怀着崇敬的心情自发赶赴革命广场参加他的追悼大会。

当晚，革命广场人山人海，哀乐低鸣。参加追悼大会的古巴男女老少表情凝重，怀抱着老卡斯特罗的照片，深情怀念这位深受古巴人民爱戴的领袖。拉丁美洲许多国家的领导如委内瑞拉总统马杜罗等，出席了追悼会并发表演讲。

…………

愿古巴人民在改革开放的大潮中得到更多的实惠，愿中古两国和两国人民的友谊天长地久，更多的中国人能到古巴旅游和投资，领略加勒比海明珠的美丽风景。

人山人海的革命广场

人们怀抱老卡斯特罗的照片，深情怀念这位深受人民爱戴的领袖

旅游的意义不仅在于观光，每次旅游都必有所获。

这次加勒比海沿途国家游和古巴深度游，不仅收获了不一样的美景和生活体验，

对古巴有了新的认知，

还收获了一群旅游爱好者的友谊。

难忘古巴游，期望再游古巴。

爱你，古巴！

行程小Tips

1. 古巴常年气温较高，以夏季着装为主，只有1月、2月有寒流经过时才会降温，但凌晨最低温度最低不会低于10℃，白天最低温度不会低于15℃，添加一外套即可，寒流时间最多不会超过10天。

2. 古巴雪茄世界闻名，在古巴购买雪茄时建议到正规雪茄烟专卖店购买，以保证质量。购买时索要雪茄专门发票，没有发票的雪茄古巴海关只允许带出 50 支/人，带发票的雪茄则允许5000美元/人以内。另外，各国允许带入雪茄的数量规定不一，加拿大是50支/人，美国是价值100美元/人，墨西哥是25支/人，中国是100支/人。

3. 夏令时：古巴时间比北京时间慢12个小时。

冬令时：古巴时间比北京时间慢13个小时。

出行装备

1. 防晒霜、防晒帽 □
2. 护照、签证、身份证 □
3. 单反、三脚架 □
4. 牙刷、牙膏、拖鞋 □
5. 急救小药包 □
6. 雨具 □
7. 女士准备晚礼服，男士准备西装或夹克 □

东哥带路公众号　　东哥带路微博

墨西哥古巴时光之旅示意图

墨西哥古巴14天时光之旅

天数	行程与细节	交通	住宿
第一天	**香港—巴黎** 当天晚上于指定时间在香港国际机场集中，乘搭航机由香港前往墨西哥城，在巴黎转机。	飞机	飞机上
第二天	**巴黎—墨西哥城** 航班于下午抵达墨西哥城，导游接机后乘车前往餐厅享用晚餐。晚餐后乘车前往酒店休息，调整时差。	飞机+专车	Hotel Barcelo Mexico Reforma或同级
第三天	**墨西哥城—特奥蒂瓦坎（众神之城）—墨西哥城** 酒店早餐后前往市区游览：著名的三文化广场是印第安阿兹特克文化，西班牙殖民地时的文化及现代文化三种文化的聚集地。参观被列为世界天主教奇观的瓜达卢佩圣母大教堂，整座教堂古老而又华美，被罗马教皇认定为天主教三大奇迹教堂之一。 随后前往举世闻名的“众神之城”，世界文化遗产之一的特奥蒂瓦坎。游览著名的太阳金字塔、月亮金字塔和羽蛇神殿，气势恢宏的亡灵大道。其后返回墨西哥城，参观龙舌兰酒博物馆。龙舌兰酒被称之为墨西哥的灵魂，在这您可看到很多不同品牌的龙舌兰酒及其酿制方法，还可轻尝龙舌兰酒芬芳的酒香。	专车	Hotel Barcelo Mexico Reforma或同级
第四天	**墨西哥城—梅里达—乌斯马尔（玛雅遗址）—马车夜游梅里达** 酒店早餐后乘车前往机场乘机飞往位于尤卡坦半岛的梅里达。	巴士	当地五星级

天数	行程与细节	交通	住宿
第四天	抵达后前往乌斯马尔，参观乌斯马尔古城遗址——位于墨西哥东南部的尤卡坦州。1996年，联合国教科文组织将乌斯马尔古城遗址作为文化遗产，列入《世界遗产名录》。乌斯马尔古城是公元600—900年玛雅文化鼎盛时期的代表性城市。早在公元前800年左右，就已经有人类在这里居住。乌斯马尔古城东西长约600米，南北长约1000米，建筑雄伟而富于变化。古城的建设者继承了玛雅文化的传统，把重要建筑物建在一条南北方向的中轴线上，从南向北依次是南神殿、鸽子宫，以及一个由4座建筑围成的广场。鸽子宫东面是大金字塔，东北面是总督宫。总督宫基台上的西北角建有乌龟宫，北面是球场、祭司住所和魔术师金字塔。尽兴后返回梅里达，安排传统马车游览历史遗迹。	巴士	当地五星级
第五天	**梅里达—奇琴伊察** 吃完酒店早餐后乘车前往世界七大奇观之一的奇琴伊察参观。奇琴伊察是已经发掘出的最著名的玛雅文化遗址，玛雅人在这里用石头建造了数百座建筑物，在库库尔坎金字塔、勇士庙、千柱群、球戏场、天象台等古建筑群中，仿佛还能感受到玛雅城邦全盛时期的气息。这些建筑高大雄伟，雕有精美的纹饰。位于奇琴伊察大广场中央的库库尔坎金字塔是最高大的一座建筑，它9层相迭，高达30米，占地3000平方米，显示了古玛雅人高超的建筑艺术水平。午餐后，参观天然井(Cenote IkKil)，这是由天然雨水浸蚀而成的天然井，可供游客嬉水畅游（请自备泳衣及穿轻便鞋）。之后入住酒店休息。	专车	THE LOFGE AT CHICHEN ITZA或同级
第六天	**奇琴伊察—粉红湖—坎昆** 吃完早餐后前往著名的里奥拉加托斯，距离坎昆两百多公里的粉红湖Las Coloradas。那里有一片因长满粉红色的微生物和微细的海虾令水面影照成漂亮的粉红色湖水。肉眼可见的粉色湖水，让人仿佛置身于童话世界之中，更能轻易地拍出令人难忘的美照！除了欣赏粉红湖泊的美丽，也可安排搭乘船只在湖上飞驰，欣赏野生火烈鸟。 温馨提示：火烈鸟最佳观赏时间为11月至次年3月，因季节原因，当粉红湖不开放时，将改为安排乘船观看野生鳄鱼。	巴士	当地五星级

天数	行程与细节	交通	住宿
第七天	**坎昆—图卢姆（玛雅遗址）—坎昆** 吃完酒店早餐后前往图卢姆（Tulum）。图卢姆位于加勒比海海边悬崖上，是唯一一个建于海边的玛雅城堡，是后古典时期玛雅城邦的港口。据说这里是16世纪初，西班牙人乘着帆船来到玛雅的绿色海岸，望见峭壁上的石头城堡，首次遇见了划着独木舟的玛雅人的地方。	专车	Hotel Krystal Grand Punta Cancun 或同级
第八天	**坎昆—哈瓦那（古巴）—巴拉德罗** 吃完酒店早餐后前往机场乘机飞往哈瓦那。抵达后前往古巴著名的度假胜地巴拉德罗，全长20多公里的海滩，一望无际，水清沙幼，椰林树影，映衬这加勒比海明珠。	飞机+专车	Hotel Melia Marine Varadero 或同级
第九天	**巴拉德罗—马坦萨斯（钟乳石洞）—哈瓦那** 吃完酒店早餐后前往马坦萨斯参观中美洲最大的水晶钟乳石洞贝拉玛洞穴Bellamar Caves，此洞深3公里，内里晶莹剔透的钟乳石，进入眼帘。随后返回哈瓦那，游览世界文化遗产的哈瓦那旧城区。参观老城广场，在这您可以观赏到，围绕老城广场的古殖民建筑遗迹，如教堂、房屋和老街。参观位于老城区的朗姆酒博物馆，晚上观看著名的莫罗三世城堡点炮关城门仪式。	专车	Hotel Nacional De Cuba或同级
第十天	**哈瓦那—比西亚庄园（海明威故居）—柯西玛小渔村（海明威诺贝尔文学奖《老人与海》小说背景）—革命广场—何塞马蒂纪念塔—哈瓦那** 吃完酒店早餐后乘车前往位于哈瓦那以北12公里处的比西亚庄园，之后到位于哈瓦那东方著名的柯西玛小渔村(Cojimar)，海明威著名的《老人与海》小说的背景，在柯西玛小渔村中有间名为「La Bodeguita」的小酒吧，据说是海明威每天捕鱼回航后最喜欢和朋友饮酒谈天的地方；中午将安排在这海明威经常光顾的柯西玛小渔村酒吧中享用午餐，想象海明威曾坐在这和朋友高谈阔论。	专车	Hotel Nacional De Cuba 或同级

天数	行程与细节	交通	住宿
第十天	下午抵达哈瓦那，展开新城游览：乘坐50年代美国的古董车，穿梭于大街小巷，包括外观古巴政治中心国务院、何塞马蒂纪念塔。此塔为纪念倡导古巴推翻西班牙殖民政权的古巴爱国诗人何塞马蒂百年诞辰所兴建的；游览革命广场，这是古巴政权和军事重要的地标，亦是举行国家重要节庆或大型的游行活动的地点，领导人卡斯特罗常在革命广场上发表演说。之后前往哈瓦那雪茄工厂，欣赏古巴雪茄的制作过程。	专车	Hotel Nacional De Cuba 或同级
第十一天	**哈瓦那老城观光—墨西哥城** 吃完酒店早餐后展开市区观光：武器广场、亚玛士广场（Plaza de Armas），是哈瓦那历史最悠久的广场，它在16世纪的时候是哈瓦那的市中心，哈瓦那的总督就是从这里的阳台上观看各种演出。广场中心是古巴国父卡洛斯•米盖尔•塞斯贝斯(Carlos Miguel Cespedes)的雕像。随后游览哈瓦那大教堂，修建于1748年的哈瓦那圣哥伦布教堂(Catedral de San Cristobal de la Habana)是一幢巴洛克风格的建筑，也是古巴最大的教堂。参观哈瓦那总督府，它于1776年建立，是哈瓦那最具代表性的巴洛克风格的建筑之一。随后前往毗邻之教堂广场，此教堂于18世纪以石灰建成，渗透着浓厚的古朴风味。 吃完午餐后，前往机场乘机飞往墨西哥首都墨西哥城。	飞机+专车	Hotel Barcelo Mexico Reforma或同级
第十二天	**墨西哥城—宪法广场—首都大教堂—阿兹特克大神庙遗址—国立人类学博物馆—索奇米尔科（水上花园城市）—阿姆斯特丹（荷兰）** 吃完酒店早餐后前往市中心观光位于墨西哥城中心的宪法广场以及广场北侧最具代表性的宗教建筑——墨西哥首都大教堂；外观位于广场东侧的国家宫，接着到著名景点阿兹特克帝国大神庙遗址，随后参观国立人类学博物馆。这个博物馆在人类学历史上具有很高地位，拥有最多的哥伦布艺术展品，分布在世界24个主题房间，展示着墨西哥的印第安文明、阿兹特克文明和玛雅文明，这里也是拉丁美洲最大的博物馆。之后安排前往阿兹特克王国千年前建造的水上花园城市索奇米尔科，在这里将安排您搭乘小船游览，感受阿兹特克人2000年前的生活方式；游览完毕后乘车前往机场乘机飞往中转地阿姆斯特丹。	专车+飞机	夜宿航机上

天数	行程与细节	交通	住宿
第十三天	**阿姆斯特丹（荷兰）—香港** 抵达阿姆斯特丹后，等待下一程航班返港。	飞机	飞机上
第十四天	**抵达香港** 抵达香港国际机场后，结束精彩旅程。		

温馨提醒：本书所载旅游线路仅供参考，具体以当时旅行社提供的资讯为准

服务热线：020-28865301，13392686898

西澳自驾游

厌倦了喧嚣浮华的城市、鳞次栉比的高楼，

厌倦了熙来攘往的人群、灰白雾霾的天空，

换一个简单安静，却色彩缤纷的去处，

于是越过赤道，奔向南半球，来一次约定旅行。

是改变，是离开，是尝试，是体验，

在西澳，邂逅初始般的简单、纯净。

西澳是一片神奇的土地，各种自然形态应有尽有，

海洋、大陆、沙漠、绿洲、农田、森林、草原……

西澳也是一片古老的土地，20亿年的历史留下了世界上最壮观的峡谷、洞穴和岩层……

探索这片土地，与西澳亲密接触的最好方式，当然是自驾。

第六辑
悠闲篇

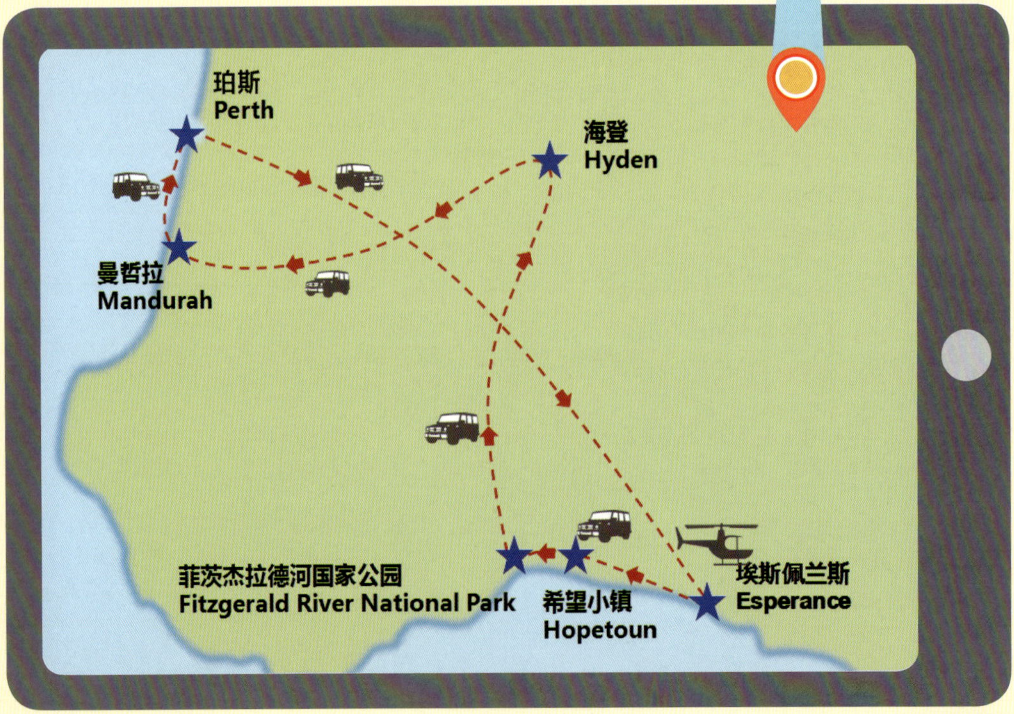

珀斯
Perth
海登
Hyden
曼哲拉
Mandurah
菲茨杰拉德河国家公园
Fitzgerald River National Park
希望小镇
Hopetoun
埃斯佩兰斯
Esperance

西澳自驾游示意图

DAY 1 向西澳出发

珀斯和广州没有时差，为了有更好的体验，我们特意避开红眼航班而安排了白天的班机飞往珀斯，抵达珀斯为晚上10点左右，然后前往酒店舒舒服服地睡一觉。

珀斯是西澳大利亚州的首府，远离澳洲其他主要城市，有“世界上最与世隔绝首府”之称。珀斯是澳洲第4大城市，人口186万，仅为北京人口的十五分之一。整座城市位于河畔，虽然处在地广人稀的西澳，却有别于其他的荒漠风貌。这里有柔沙碧海，有绚烂缤纷的公园，还有永远的蓝天白云。

珀斯拥有广阔的居住空间及高水平的生活水平，被评为世界最佳宜居城市之一。这里的民众非常热情友好，曾经赢得“世界最友善城市”的称号。原来曾是一个荒凉孤独的城市，经过一代又一代的土著人和移民者的建设，现在珀斯逐渐发展成为一个成功的世界性大都市。

西澳州是澳大利亚最大的一个州，占地面积为250万平方公里，人口也正好是250万，一组很有趣的数据，人均1平方公里的面积，是澳大利亚人均占有土地面积最多的一个州。地广人稀的西澳因为人口稀少，所以城镇化程度很低，500人就能组成一个很大的镇了，而在中国，可能一个小学都不止500人。

人口少，城镇化率低，但是基础设施却不差，保持了它独有的人文和自然美景。淳朴而友好的西澳人、少车的马路、红色的沙土、荒凉的沙漠、蔚蓝的海岸线、不怕生人的袋鼠和各种野生动物，一派西部风光，西澳因此是所有自驾爱好者的天堂。

DAY 2 并不孤独的珀斯

国王公园

早上先去办理租车手续，随后乘车前往世界上最大的市区公园“国王公园”（Kings Park）游览，途径美丽的外形为天鹅湖的珀斯地标Bell Tower。树暴露在阳光的照射下，球场绿影婆娑，一派非洲稀树草原的奇异景象。

旺女在国王公园草地上开心地玩耍

从国王公园俯瞰珀斯城，于伸手可及的蓝天下，于无处不在的绿草地上放松自我，和当地人一样悠闲地躺在草地上发呆。

费力曼特尔集市各种商品应有尽有

弗里曼特尔

去珀斯近郊的海港弗里曼特尔（Fremantle），逛一逛这里只在周末开放的集市。这里从新鲜的水果、蔬菜、海产品，新鲜的面包、乳酪、药草、香料到风格独特的纪念品无所不有；也可以在鼎鼎大名的卡普奇诺咖啡街品上一杯现磨咖啡，或在港口边漫步。

集市只在周末开放

港口边的小风景

科特索海滩

这里被《寂寞星球》（Lonely Planet）杂志评为全球第二适合全家同游的海滩，被当地人昵称为“科特”——日光浴，适合冲浪、游泳、跳水、沙滩排球等海滩上的活动。

全球第二适合全家同游的海滩——科特索海滩

DAY 3 调色板般的粉红湖

粉红湖

上午乘坐包机从珀斯飞往埃斯佩兰斯（Esperance）。这里是黄金内陆地区南端海岸线最长的海滨城市，以南大洋的蓝色海岸线和洁白如雪的白沙滩著称。

在抵达埃斯佩兰斯之前，飞机将直接飞往Middle Island俯瞰粉红湖（Lake Hillier）。

目前全球有多处粉色湖泊，分别分布在澳大利亚、加拿大、西班牙、塞内加尔、阿塞拜疆等国。这些湖泊是一种自然现象，它们不仅为当地吸引了诸多游客，也为当地居民提供了一种谋生手段。美轮美奂的粉红湖，它向世人证明一些不那么好看的东西——海藻，也可以非常漂亮。事实上正是海藻产生的多种类胡萝卜素使得湖泊看上去如此惊艳。一旦湖水的盐度超过海水的盐度，在高温和充足光照下，湖里的海藻便开始聚集红色β胡萝卜素，使湖泊变成粉色。由于湖泊含有大量盐分，湖边四周形成了盐粉沙滩。这一粉红湖如梦如幻的粉彩瑶池配上碧蓝海水环绕，令这块绝世风景如彩色宝石般璀璨迷人。

包机前往粉红湖

粉红湖的面积大约为2—4平方公里。在澳洲不只有这一个粉红湖，还有另外一个粉红湖，听说被人占有用作提取胡萝卜素了。我们这次去的这个粉红湖需要坐飞机才能到达，还没有被开发，处于天然状态。这个粉红湖就在海边，从空中看，颜色对比很强烈，很震撼，就好像一块镶嵌在海边的硕大无边的油画调色板一般，妙笔神功，令人叹为观止。

粉色与蓝色形成鲜明对比

幸运湾

驱车在长达25公里的海岸线上驰骋，饱览南大洋海景，看沙鸥空中翻飞，到达幸运湾（Lucky Bay），在沙滩上可与袋鼠亲密互动。

在这里，每天都会有袋鼠出现。它们有的在海滩上一蹦一跳四处活动，有的躺在海滩上懒洋洋地晒太阳，非常惬意。这里的袋鼠并不害怕人类的到来和靠近，甚至还会主动亲近人类，吃人们带给它们的美味食物。

粉色与蓝色形成鲜明对比

希望小镇

午餐后，对着碧海蓝天，聆听海风，体验别有一番滋味的澳式生活，下午驱车前往希望小镇（Hope Town）。沿途经停雷文斯索普小镇，不仅可参观土豪家纯手工打造的环保别墅（Dream House），还可以在巨大的私人农场里一饱眼福观看野生袋鼠。好客的农场主人准备了下午茶，让客人小憩片刻。离开后半小时抵达希望小镇办理入住手续并用晚餐。

希望小镇是名副其实的“世外桃源”，有山，有水，整个镇就坐落于南大洋边。在镇上，可以自由体验比珀斯还要纯净的空气，感受离南极最近的大陆。我们入住的是Wavecrest 公寓别墅，为四人一套的小木屋别墅，体验原汁原味的西澳人家的味道。

入住希望小镇Wavecrest公寓别墅

Wavecrest公寓别墅的温馨小窝

conflower

conflower

网刷

牙刷花

银桦

环状花

希望小镇有40栋度假木屋，每栋木屋都有三个卧室，两个卫生间，开放的客厅与厨房，烤箱、微波炉、冰箱等厨具一应俱全。每个木屋还配有专门的停车位。

希望小镇位于西澳西南地区全澳面积最大的国家公园之一——菲茨杰拉德国家公园内，而明天，我们就要去这个国家公园游玩。

菲茨杰拉德河国家公园属全球34个生物多样性热点地区之一，也是澳大利亚唯一入选的地区。评估热点地区的标准主要有两个方面：特有物种的数量和所受威胁的程度，全球共确定 34 个物种最丰富且受到威胁最大的生物多样性热点地区，其中生长的很多动植物都是这些地区所特有的。这些地区虽然只占地球陆地面积的3.4%，但是包含了超过60%的植物、鸟类、哺乳动物、爬行动物、两栖动物，在陆生物种方面具有非常高的特有物种占有率。

菲茨杰拉德国家公园由于极为独特的地理位置成了众多生物的避难所，拥有超过 100 种仅分布于此处的奇妙植物和动物，加上崎岖而多样的海岸、丛林、沙丘与南极大陆分离时所形成的褶皱与山石，是澳大利亚最有特色的国家公园之一，被称为“热点中的热点”，是西澳生物多样性保护的晴雨表。每年9月，澳大利亚盛大的野花节在此地区举办，它因此被列为全球著名的赏花胜地。

山龙眼

DAY 4 菲茨杰拉德河国家公园

于菲茨杰拉德河国家公园，我们这温馨的一家

来到菲茨杰拉德河国家公园（Fitzgerald River National Park）一角，可眺望整个希望小镇。如前所述，这个国家公园生物多样，以崎岖不平的山地、绮丽的海岸风光和 1800 种美丽罕见的植物著称，其中许多是该公园独有的。每年1月到9月，这里满山野花齐放，如置身于梦幻多彩的漫天花海。再看那独特的海岸线沙漠，从观景台可俯瞰南大洋。

在海边垂钓

停靠在岸边观赏南大洋的美景

海边BBQ

举探照灯四处追寻呆萌袋鼠

在一望无际的海滩边，享用中餐海边BBQ烧烤专场（还可以亲自动手，体验在湛蓝的海边主厨的乐趣）。

下午，海滩自由活动：海钓、游泳、冲浪、探险、抓蜗牛、日光浴、品尝新鲜鲍鱼（有季节性）等，之后返回酒店，享用二道式西餐。

傍晚，可自费乘坐激情四驱车，在土豪家巨大的私人农场的草原上越野驰骋，观赏日落，观赏晚霞，或举探照灯四处追寻呆萌的袋鼠。

晚上，可结伴去镇上唯一酒吧，感受真正的本土澳式乡村生活。在酒吧里，中文卡拉OK一应俱全。

海鲜火锅，西式自助，畅享西澳美食

DAY 5 不一样的滑沙体验

今天的活动是西澳滑沙。因为西澳比较干旱，沙丘分布比较多，一座山一面是海另外一面就是沙丘。我们乘坐四驱车在沙丘上漂移，拿上滑板走到沙丘顶，然后从高高的沙丘上快速滑下来，这绝对是一项锻炼胆识、考验技巧的运动。

这里的沙丘沙白滑软，就算赤脚而行也不会有刺痛感，就如同在棉花上行走一般柔软舒适，老少皆宜，很适合一家人一起游玩，共享天伦之乐。现代都市人每日繁忙，工作之余能放下牵挂一享滑沙之乐，实在是身心舒畅之举。

从沙丘山顶滑下

滑沙的欢畅

DAY 6 体验澳洲土豪的生活

早餐后驱车前往海登（Hyden），坐牧车驰骋私人农场，喂牛吃面包，观看土豪家的各式古董包括在老爷车收藏馆看劳斯莱斯、福特等，与真正的澳洲土豪交朋友，体验他们的富足生活。

喂牛吃面包

热情的农场主人

土豪家私建“动物园”里的考拉

享受西澳生活的旺女开心地跳起舞来

油菜花与我父女俩

参观土豪家私人珍藏的全世界除英国皇宫以外收藏最多的蕾丝博物馆以及玩具小兵珍藏馆；参观土豪家私建的动物园，这里有考拉、袋鼠、草泥马、树熊等各类澳洲野生动物。

下午，气温合适的情况下，可自由体验盐水湖里的浸泡漂浮，体验永不下沉的奇妙。

傍晚，前往世界八大奇景之一的波浪岩（Wave Rock）一赏美景——犹如大海波涛席

满山野花齐放

卷而来的一片巨浪升腾于内陆平原之上，那是15米高110米长的花岗岩石崖。那是大自然超过 27 亿年鬼斧神工的雕琢，渗入地下的水将其侧面平直的岩石面侵蚀掉，才形成了今天的样子。

波浪岩色彩、层次均异常丰富，可在岩石表面摆出各种造型，如在巨浪上的冲浪状，可沿着石崖底部周围或顶端的步行小径从不同角度进行观赏。

当然这里的日落也不容错过。当金色的晚霞挥洒在波浪岩的石崖表面，人们很容易因绚丽的景色而动容，也因夕阳西下而无限感动。

波浪岩位于西澳大利亚州海顿城东部，因形似一片席卷而来的波涛巨浪而得名。露出地面的部分占地几公顷，是西澳大利亚州的著名地标，也是最吸引游客的旅游胜地之一。每年大约有14万国内外游客慕名而来。

大自然的鬼斧神工

荒芜之地的寂静美

DAY 7 迷人的滨海城市

滨海城市

早餐后，起程前往曼哲拉（Mandurah）。

曼哲拉是珀斯人度假的热门去处，一个很有特色的滨海城市，很多临水而建的豪宅后就是码头，停泊着很多漂亮的游艇，一派西澳富人区的风光。

午餐后，前往美丽的比尔水湾，展开精彩而有趣的游船之旅。游艇缓缓行驶于水面上，令人身心舒畅。沿途欣赏岸边的豪宅，近距离感受澳洲富人的生活方式；时而有野生海豚出没于海面，让人无比惊喜而为之欢呼。在这里，还可以欣赏到河岸耗资5000万澳币开凿的运河休闲区。

随后，前往珀斯，办理还车手续，欣赏柏斯迷人的夜景。在酒店休息后准备次日最后一天的大购物。

今天吃到的美食令人回味无穷。由于南北半球的季节相反，时值澳洲的冬天，我们吃到了澳洲人只有在冬天才能吃到的美味，肥美的大青口，沾上一些酸酸甜甜的辣酱，唇齿留香；拳头大的正宗澳洲小龙虾，剥开虾壳，那厚厚的虾尾，能让人立刻忘记旅途的劳累。

珀斯迷人的夜景

DAY 8 自由尽享澳式生活

早上睡到自然醒，然后在珀斯自由活动，尽情享受购物乐趣。

珀斯有两大主要购物中心，分别是默里购物中心Murray Mall和海街购物中心Hay Street Mall。两处购物中心都有便利的交通。另外，古老的君王街King Street和福瑞斯特购物中心Forrest Place，也是非常好的购物点。在这些地方，可以轻而易举地找到百货公司、廉价商品店、服饰店、纪念品店以及免税店。

澳大利亚的保健品和护肤品是世界有名的，Swisse就是世界著名品牌之一。鱼油，叶绿素，绵羊油，等等，多不胜数。澳大利亚的奶粉也是全世界安全性最高的。

自由尽享自己喜爱的澳式生活，晚餐后搭乘航班飞回广州，结束精彩的西澳之旅。

枯藤老树昏鸦，小桥流水人家

东哥带路真经

自驾游的乐趣和魅力是自在、随意。一直以来我心底就有个小愿景：在道路平整、一望无际的他乡自驾驰骋，不需要提前N个月做耗费心思烧脑抓狂的攻略！跟随我的脚步，可在“南浔西澳自驾游”中悠然自得地享受假期的乐趣。

以前对西澳知之甚少，只知道珀斯，这次自驾游对西澳有了全新印象和感受：返璞归真，远离烦嚣，净化身心。

西澳的自然美令人震撼，随时随地可见到地理杂志里摄影师拍摄的那些风景“大片”，而我就在那些风景里。浪漫的粉红湖，鬼斧神工的波浪岩，延绵不断的麦田、菜花田、草坪，成群的牛羊，湛蓝色的天空，辉煌的日出日落，南十字星空，印度洋垂钓，海滩驱车驰骋，沙丘飘移，与袋鼠比速度，喂牛喂考拉，近观野生海豚……渐渐地伙伴们融入了大自然，身心受到洗涤，都市的困扰烦恼一洗而净。

西澳自然风光惊艳，风景独特，独特到有很多见所未见的物种。澳大利亚对自然保护不遗余力，到了西澳才真正见识到那些喊不出名的植物，仿佛时光倒流到了史前，而我有幸看到了史前生物。正是西澳的开春时节，所有奇花绽放，色彩缤纷，时而还有沿着灌木丛奔跳的袋鼠、野兔。让我们一路惊喜不断。

出门在外，自驾游多少会有紧张感和戒备感。可是在西澳，人完全是放松的。这里的道路平整，地广车稀，驾车不需顾虑太多，不会突然斜刺里冲出一辆车或者一个人来。而且，西澳人诚实、守规矩、善良、温和，热情好客、笑容满面，“谢谢”“你好”是使用频率最高的词，你会不知不觉受感染。西澳人富足而勤劳，自食其力，自得其乐。西澳矿产资源丰富，土地肥沃，使这里的人生活富足，因为人少，人们习惯了很多事情自己动手，比如我们遇到的一对退休教师夫妻，花6年时间自己建房子，还有女员工自己修车，自己加油，农场主老太太自己种地，等等。天啊，西澳人的生存能力太强了，而且完全没有富而骄横的姿态！

旅游的意义不仅仅在于观光，每次旅游都有所获，这次西澳自驾游不仅收获了不一样的美景和体验，还收获了一群人的友情，一种异国人文风情，一些关于生活的思考。

难忘西澳，爱你西澳！

行程小Tips

1．澳大利亚的酒店不提供牙刷、牙膏、拖鞋。所以大家要记得携带。

2．澳大利亚是左侧通行的国家，所以在过马路时要先看右，后看左。

3．一般情况不允许在外面喝酒，甚至不可以拿着裸露的酒，酒必须有不透明的包装。Alcohol Free禁止喝酒。

4．澳大利亚基本所有密闭的公共场合都是禁止吸烟的，有些户外的公共场合也是禁烟的，比如一些沙滩及户外野餐区等。

5．从10月到翌年4月，澳大利亚最受欢迎的海滩通常都有救生员志愿者当值，海滩会用红色和黄色旗子标示出最安全的游泳区域。

6．澳大利亚位于南半球，季节与我国刚好相反。春季为9—11月，夏季为12月—次年2月，秋季为3—5月，冬季为6—8月。

出行装备

1. 12月—次年2月，带轻便的衣服，但亦应准备外套和毛衣，以防晚间转凉 ☐
2. 6—8月，带毛衣，外衣或薄外套，以及较暖的衣服 ☐
3. 防晒霜、防晒帽 ☐
4. 护照、签证、身份证、驾驶证 ☐
5. 单反、三脚架。 ☐
6. 牙刷、牙膏、拖鞋 ☐
7. 急救小药包 ☐
8. 雨具 ☐

西澳9天游示意图

东哥带路公众号

东哥带路微博

异彩纷呈西澳9天定制游

天数	行程与细节	交通	住宿
第一天	**广州—珀斯** **参考航班：CZ319 广州—珀斯 （14：20—22：25）** **飞行时间：8小时5分** 乘机经广州（行李直挂）飞往澳洲西澳大利亚洲首府——珀斯Perth，它被称为世界上“最孤独的城市”，是被印度洋的海滩&天鹅谷的葡萄园所环绕的一个最适宜人类居住的美丽城市，全球最宜居城市排名第七位。接机后入住酒店。	飞机	Seasons of Perth (或同级)
第二天	**珀斯—天鹅谷** 前往天鹅谷和凯维森野生动物园，亲密接触澳大利亚特有的呆萌动物，摸考拉，喂袋鼠，观看农场秀，跟毛鼻袋熊合影。	巴士	市区四星酒店
第三天	**珀斯** 西澳的野花全球闻名，珀斯最著名的国王公园（kings park）每年9月举办盛大的野花节，可以欣赏到西澳当地最具特色的独有的奇妙花卉。俯瞰天鹅河美景，看城市全景。前往弗里曼特尔游览全球十九世纪建筑保留最完好的小镇品咖啡，享受悠然的小镇时光。		市区四星酒店
第四天	**珀斯—兰斯林—尖峰石阵—珀斯** 一路向北，前往兰斯林沙丘Lancelin Sand Dune。从细白的沙丘上飞滑而下，享受速度带来的刺激。前往尖峰石阵Pinnacles，看古老大陆上的自然遗迹，一座座石柱拔地而起，如同踏足月球，苍凉而孤寂。	巴士	市区四星酒店

天数	行程与细节	交通	住宿
第五天	**珀斯—玛格丽特河** 早上离开珀斯，前往西澳最有代表性的玛格丽特河地区。玛格丽特河（Margaret River）位于珀斯南部，面向辽阔的印度洋，拥有西澳最好的葡萄种植园与酒庄。无尽的阳光、沙滩，丰富的水上运动都是这里的亮点，是感受田园风情的西澳生活的最佳地点。前往运河岩石，观看印度洋海浪造就的奇观。中午前往酒庄，观看葡萄种植园，品酒。随后前往玛格丽特河巧克力工厂与奶酪工厂，了解和体验玛格丽特河的传统农业产业。晚上入住位于印度洋边的度假酒店。	巴士	Margaret beach resort（或同级）
第六天	**玛格丽特河—珀斯** 早上吃一个放松的早餐，可步行至海边，在印度洋岸边留下足迹。前往魟鱼经常出没的海岸边，一些模样怪异，被称为“魔鬼鱼”的家伙在岸边游弋，这里有一望无际的雪白沙滩，看不尽的蓝天碧海，天高地阔。玛格丽特河区还是著名的森林区域，这里生长着前西澳特色的高大树种。在林间停歇，呼吸纯净清冽的空气，看高大的树林直指蓝天。随后前往西澳南部的标志性景点之一——巴瑟尔顿栈桥，观赏醉人的海上栈桥景色。台湾著名艺人徐若瑄曾在这里拍摄婚纱照，您可在这南半球最长、世界第二长的1.8公里栈桥上行走至海边。这里的景色被评为全澳大利亚最美的景色之一。	巴士	市区四星酒店
第七天	**珀斯—罗特尼斯岛—珀斯** 罗特尼斯岛距珀斯19公里，是印度洋上的世外桃源。这里是与城市生活完全不同的另外一个世界，是一个人与自然共同呼吸的地方。印度洋的绝美海岸风景随手一拍都是明信片。在此休闲停驻，每个自我都会变得渺小，仿佛什么都可以放下，回到本真，让你真正感受什么叫“时光不老，岁月静好”。人与动物可以无限亲密地接触，当你见到可爱的西澳大利亚独有的短尾袋鼠Quokka以及许多独特的动植物物种，那种萌动和人与自然和谐相处的美好，尽收于第一眼的罗特尼斯岛。	巴士	市区四星酒店

天数	行程与细节	交通	住宿
第八天	**珀斯—广州** 吃一个慵懒的早餐尽情享受属于自己的澳式慢生活。 可以选择在伸手可及的蓝天下、在无处不在的绿草地中、在波澜壮阔的印度洋边放松自我，也可以选择购物。珀斯有两大主要购物中心，分别是默里购物中心（Murray Mall）和海街购物中心（Hay Street Mall），交通非常便利。古老的君王街（King Street）和福瑞斯特购物中心（Forrest Place）也是两处非常好的购物地点，在这些地方可以轻而易举地找到百货公司、廉价商品店、服饰店、纪念品店以及免税店。	巴士	飞机上
第九天	**广州** 早上到达广州，结束美妙的西澳之旅。	巴士 飞机	飞机上

温馨提醒：本书所载旅游线路仅供参考，具体以当时旅行社提供的资讯为准

服务热线：020-28865301，13392686898

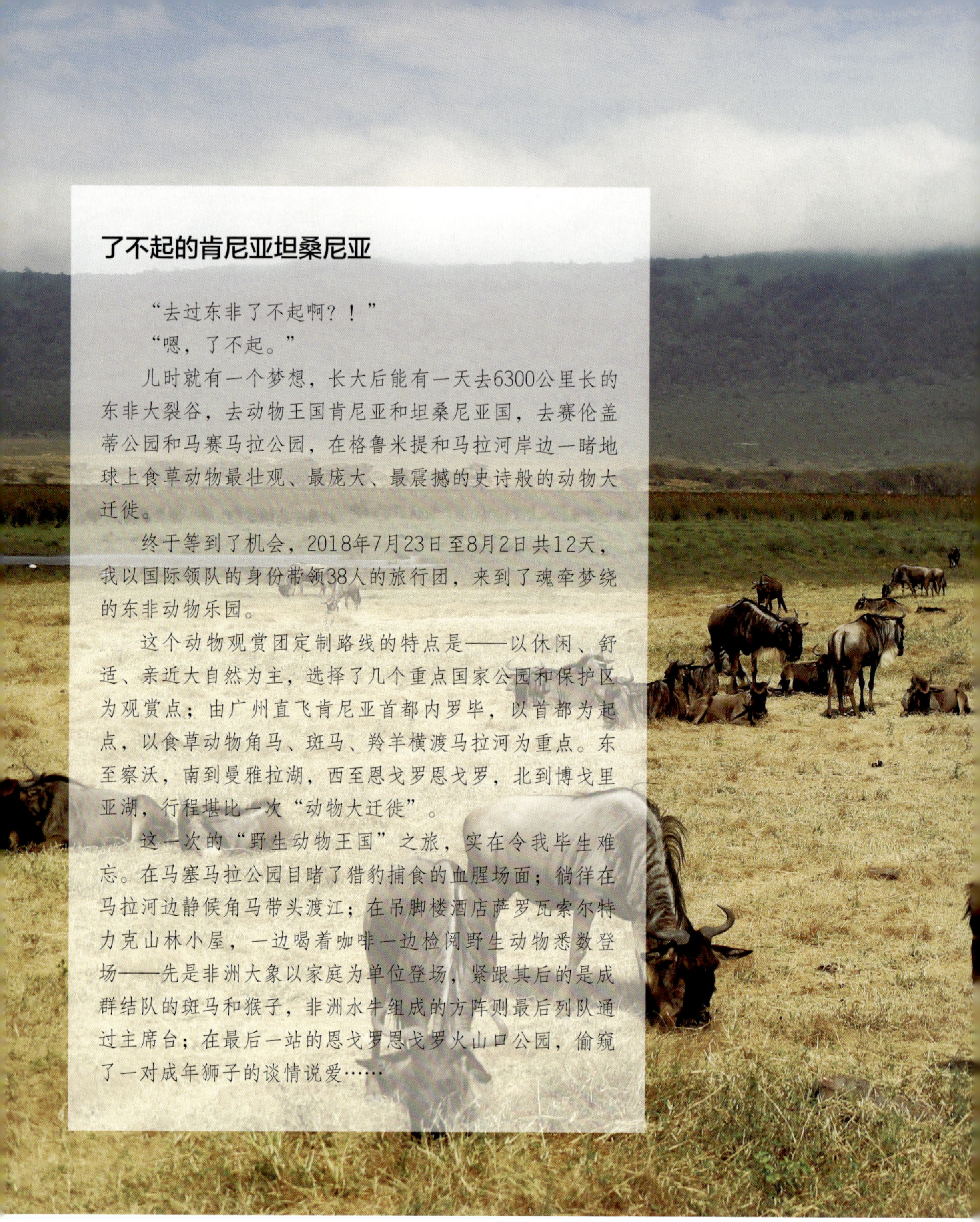

了不起的肯尼亚坦桑尼亚

“去过东非了不起啊？！”

“嗯，了不起。”

儿时就有一个梦想，长大后能有一天去6300公里长的东非大裂谷，去动物王国肯尼亚和坦桑尼亚国，去赛伦盖蒂公园和马赛马拉公园，在格鲁米提和马拉河岸边一睹地球上食草动物最壮观、最庞大、最震撼的史诗般的动物大迁徙。

终于等到了机会，2018年7月23日至8月2日共12天，我以国际领队的身份带领38人的旅行团，来到了魂牵梦绕的东非动物乐园。

这个动物观赏团定制路线的特点是——以休闲、舒适、亲近大自然为主，选择了几个重点国家公园和保护区为观赏点；由广州直飞肯尼亚首都内罗毕，以首都为起点，以食草动物角马、斑马、羚羊横渡马拉河为重点。东至察沃，南到曼雅拉湖，西至恩戈罗恩戈罗，北到博戈里亚湖，行程堪比一次“动物大迁徙”。

这一次的“野生动物王国”之旅，实在令我毕生难忘。在马塞马拉公园目睹了猎豹捕食的血腥场面；徜徉在马拉河边静候角马带头渡江；在吊脚楼酒店萨罗瓦索尔特力克山林小屋，一边喝着咖啡一边检阅野生动物悉数登场——先是非洲大象以家庭为单位登场，紧跟其后的是成群结队的斑马和猴子，非洲水牛组成的方阵则最后列队通过主席台；在最后一站的恩戈罗恩戈罗火山口公园，偷窥了一对成年狮子的谈情说爱……

第七辑

狂野篇

博戈里亚湖
Lake Bogoria
奈瓦沙
Naivasha
马赛马拉
Masai Mara
内罗毕
Nairobi
安博塞利
Amboseli
恩戈罗恩戈罗
Ngorongoro
阿鲁沙
Arusha
察沃
Tsavo
曼雅拉湖国家公园
Lake Manyara
National Park

狂野之旅示意图

DAY 1 那一片难忘的粉红色——火烈鸟

航班在当地时间早晨6点5分准时到达肯尼亚首都内罗毕国际机场，入境过关比想象中顺利，不到半小时就到机场到达厅。此时，大家才觉得这里早晨的天气非常清凉，微风轻轻吹过，虽然顿觉神清气爽，但大家还是赶紧翻行李箱添衣保暖。

晨光初现，机场出口已零星停靠了一些接机的车辆，是各种改装过的可以打开车顶的越野车和丰田面包车。巡逻的警察持着枪，警惕地在四周踱来踱去，防暴警车则停在不显眼的地方。我们在接机导游的带领下很快找到了接待我们的6辆丰田面包车，然后乘车跨越赤道线，穿越南北两个半球，前往博戈里亚区域。

下午，开车1小时前往博戈里亚国家自然保护

接待我们的丰田面包车

防暴警车

在赤道标志性建筑前留影

好像从电影中走出来的大片的场景

区，游览博戈里亚湖。

博戈里亚湖（Lake Bogoria）位于肯尼亚裂谷带边缘，是一座碳酸钙湖，属于拉姆萨尔湿地国家级自然保护区。这里曾是Endorois祖先居住的地方，他们在20世纪70年代迁移离开自己的家乡，自那以后博戈里亚就成了一个受保护的国家级自然保护区。博戈里亚湖深约10米，长约34公里，宽约3.5公里。

在接近700平方公里的这个流域内有多个间歇泉。如果有幸能够观赏到喷发的话，就可以观赏到高达5米多高的间歇泉喷发的壮观景象。在这里还可以看到各种其他鸟类。此外，整个湖被矮树和草丛所包围，可以在里面找寻到斑马、小羚羊、非洲蹄兔等众多野生动物。在博戈里亚湖地区，很容易看到从地下深处激涌而出的热泉，其水温可高达95℃，因此在游玩的时候一定要听从工作人员的指示。

我们开车进入公园约100米的湖边，就看到了成千上万的火烈鸟站满了整个湖面。从出生到展开翅膀飞翔，火烈鸟的羽毛从淡淡的粉色变为浓郁的红色。它们成群结队、生生不息地在盐湖上繁衍着后代。湖的中央有几间木屋，点缀在湖面看上去更加诗情画意。靠近湖边的火烈岛羽毛粉红色，湖面上的成年火烈鸟则是亮红色。成群结队的火烈鸟一齐起飞，一时染红了半边天，场面极其壮观。

DAY 2 与斑马一起打高尔夫球

在酒店用完早餐后，前往东非大裂谷的明珠——奈瓦沙湖。该湖位于内罗毕北边，车程约为90公里，湖面面积约为260平方公里，湖中有一个弯弯的小岛“新月岛”，是一个私人野生动物保护区。

奈瓦沙湖由断层陷落而成，南北长20公里，东西宽13公里，最深处20米，湖面海拔1900米，是裂谷内最高的湖。该湖是肯尼亚最美的淡水湖之一，也是全肯尼亚唯一的淡水湖。湖边有大片纸莎草沼泽，湖畔设有“乡村俱乐部”。

奈瓦沙湖湖水微带碱性，但可以饮用。这里盛产鲈鱼和非洲鲫鱼，有河马和各种水禽，还能欣赏到鱼鹰（鹗的别称）捕鱼的情景。我们乘坐当地人的小游船游览水鸟最多的湖区，一群河马泡在水里。为了让游客欣赏到鱼鹰捕鱼的情景，船夫会吹响口哨，然后扔出一条小鱼，如果鱼鹰注意到了，它会很快地从树上迅速飞下来到湖面衔起鱼，而后飞回树上吞吃。要注意，这个过程只有几秒，很难拍到很棒的照片。

游湖后，我们到达高尔夫球酒店（东非大裂谷旅舍及高尔夫度假酒店）。团友中几个高球爱好者就在酒店球场的1号蓝T发球区，开始了一场中非高尔夫球友谊赛。绿树掩映下的球场被各种叫不出名字的灌木有序地分开了18个球洞。各种野花争奇斗艳，远处几十米高的大树暴露在阳光的照射下，球场绿影婆娑，一派非洲稀树草原的奇异景象。

来一场中非高尔夫球友谊赛

斑马来凑热闹，赶快照一个

乘坐小游船游览湖区

斑马在高尔夫度假酒店周围赛跑

我们边打球边欣赏这非洲特有的高尔夫球场美景，打了几个洞后突然见到几匹角马在树下来回穿梭，像在欣赏我们打球，时而还窜出几匹羚羊几只鹿儿来凑热闹，旁边树林又冒出几头疣猪。接近黄昏的时候，成群结队的鸟儿在球场上空飞来飞去。人与动物、人与自然融为一体，融入那原始的世外桃源。

DAY 3 初探马赛马拉国家公园

看百兽之王的狮子

从奈瓦沙到马赛马拉要6个小时的车程，有三分之一是尘土飞扬的土路。早上，天空刚露出一点鱼肚白，晴空万里凉风习习，我们一行30多人就分坐6台改装过的可以打开车顶的丰田面包车直奔马赛马拉，要去一睹野生动物保护区的五大霸主——狮子、猎豹、非洲水牛、非洲野象和犀牛的雄姿。所幸，下午5点就进入了马赛马拉国家公园，不到一小时，我们就找到了被称为“百兽之王”的狮子，一只花豹从树上下来在路中央撒野，然后施施然走去了另一片草原。

这一次，好多团友才终于弄懂花豹和猎豹的不同，它们最大的区别在于身上的花纹，空心黑点像花朵的是花豹，实心黑点的就是猎豹。而，长颈鹿、斑马、角马、蹬羊、疣猪等一众野生动物如约而至，简直有些看花眼了。

我行我素的花豹

马赛人手里总是把持着一根棍子

为了不打扰野生动物，按照规定，下午6点前所有参观车辆必须离园，但入园门票有效期是两天，故我们计划第二天一大早起来重新入园，继续寻找野生动物霸主。

我们一行继续前往马赛村，感受马赛人部落的生活。马赛部落是东非草原上的原始族群，他们分布在坦桑尼亚和肯尼亚交界的地方，以牧牛放羊为生。马赛族人不论男女，终年穿着鲜艳的红色或浅红色的衣服，带着炫目的大耳环和项链，手里总是把持着一根棍子。

马赛人的集市

马赛人的舞蹈，跳得越高，表示内心的欢愉越大

非洲马赛人部落的土房

用灌木栅栏建的小保护圈

用带刺的树枝做围墙

这个马赛马拉国家保护区内的马赛村有50多名村民，他们日常喝牛奶吃牛肉饮牛血，生活在牛屎和土混合的泥巴建成的土房里，房子不大，每间土房不足10平方米。他们用带刺的树枝做围墙，围成一个直径约100平方米的圆形保护圈，以便阻挡野生动物的入侵，保护圈内再用灌木栏栅建一个直径约50米的圆形小保护圈作为圈养黄牛的地方，土房就错落分布在两个圆圈的夹层中。

马赛人的孩子7岁上学，14岁行成年礼，然后花费5年的时间在山上认识草药，学习在草原上生存的技巧，据说只有能杀死一头狮子的赛马人才能成为酋长。马赛人坚持自己的生活方式，不愿意融入现代社会，一望无际的草原是他们永远珍爱的家园。

但是，他们的一些陋习是我们无法理解和接受的。例如，为防止小孩被动物袭击昏厥，不方便灌药，他们小时候就被拔掉一个下颚门牙。还有，马赛人女性为了佩戴更多的耳饰，有意让耳朵穿孔下垂，下垂的耳郭甚至垂至下颚线。再有，他们的衣服一年到头就用三块布，而且只选红色色调，也许是动物害怕红色的缘故吧，我们不得而知。据马赛人说，牛是没有食肉动物敢袭击的，难道狮子、猎豹等动物也怕人报复？

准备去上学的马赛女童

天真烂漫的马赛儿童，对着镜头露出可爱的笑容

DAY 4 领头角马带领大部队撤离危险地带

当太阳升起的时候，整个马塞马拉草原披上了一层金色的面纱，我们开始了一天精彩的行程——寻找角马、斑马渡过马拉河的“电视画面”。说时迟那时快，进入公园门口还不到半个小时，我们就意外亲历了一次猎豹捕食的“现场直播”。

这只猎豹与昨天见到的花豹相比有明显的区别，花豹身上的花纹是空心黑点，像一朵朵黑色的花朵一样，而猎豹全身花纹是实心黑点，虽然同属猫科动物，两大野生动物霸主还是极易辨认出来。

几只走散的小角马

突然，躲在长草丛中的猎豹“一家五口”齐齐转过身体向着同一方向望去。大家顺着它们的视线一看，原来，前方不到300米处落下了三只幼小的角马。

五只大小差不多的猎豹同一时间从草坡上向下移动，向小角马靠拢。250米、200米、150米……它们全神贯注，逐渐靠近猎物，从几台已熄火的观光越野车之间穿过，没有丝毫的左顾右盼，专注地不断接近小角马。

就在距离目标不到3米的时候，其中一只猎豹突然发动攻击，紧随其后的“四个同伙”一拥而上实施闪电围堵，或封喉秒杀，或撕咬大腿，或爬到角马身上……从发动攻击到角马一命呜呼

猎豹正虎视眈眈着几只走散的小角马

找水源的角马群

前后不到三分钟。

我们算是“幸运”的看客，目睹了猎豹捕猎的场景。但是，对于小角马来说那又是不幸的、血腥的，看客们又实在有些不忍。

我们一行6台面包车在马赛马拉草原上继续向马拉河方向前进，还有40分钟路程就可到达河边。道路两旁的青草已长到齐腰处，经过晨曦露水的滋润，变得格外青绿。远处能看见一队一队的角马、斑马和小队的羚羊向同一方向集结，团友们都兴奋起来，角马群的“马拉河之渡”即将上演。

我们一行人中午11点如期到达马拉河岸边，可以看到已有60多台车越野车整齐有序地停在岸边。正午的阳光透过车顶直射下来，虽然有顶棚遮挡还是觉得闷热难耐。马拉河两岸没有一丝风吹过。

角马群尝试渡河

抬头向河中央望过去，不足50米宽的河面上，大批河马在河水里喘着粗气，有几头干脆爬到弯曲的河道两边睡大觉去了。几条尼罗鳄躲在枯木处，有些则趴在岸边的石头上，有些潜在水里只露出一只眼睛。

这时岸边已集结了成千上万的角马和小部分斑马，后面的角马群如行军队伍看不到尽头仿佛直到天边，眼前尘土飞扬。快中午一点时，角马“敢死队”出动了，看上去有一百多头吧，在一处最近的缺口轰然而下，它们太渴了吧？

但是，尼罗鳄可不是好惹的，惊险的一幕出现了，一只角马差点就成了鳄鱼的午餐。没喝成水的“敢死队员”们只好退回到岸上。如此反反复复，换了几批角马，最终还是以回辙岸上而告终。

是还没等齐各路队伍吗？还是还有几天的枯草可充饥不着急？还是时机尚未成熟？总之，我们一行今天没能见证角马大部队迁徙过河的场面，但有之前的经验，也可以想见得到过河时的壮观和血腥：小角马、小斑马、羚羊在鳄鱼的巨颚间腾挪躲闪，从激流乱石中杀出一条血路最终登上彼岸。

我们等待观望了3个小时，由于公园有时间规定，大家只好依依不舍地踏上回程之路。路上团友们出奇安静，时不时回头看一眼远去的角马群——它们什么时候才过马拉河？今天是否最后一别？是哪片落叶将跟随它们飘向远方？

↓ 前往马拉河岸，一路上可见到许多动物

DAY 5 东非小巴黎——内罗毕

内罗毕城市风光，中间最高的建筑就是肯雅塔国际会展中心

Carnivore 食肉兽餐厅

我们在马赛马拉公园酒店用完早餐后，返回内罗毕。内罗毕是东非肯尼亚的首都，也是东非最大的城市，非洲最大的城市之一，人口超过200 万人。内罗毕是一座国际化大都市，是非洲领先的最时尚、最现代化的城市之一。

红茶种植园

我们途经著名的肯尼亚红茶种植园。

追溯肯尼亚茶叶种植的历史，1903年英国人凯纳最早将茶树引进到肯尼亚的Limuru地区，1920年英国殖民肯尼亚后才在这里大规模种植茶叶，目的是获取利益并满足本国日益增长的茶叶需求。1963年肯尼亚获得独立，但英国人留下的茶叶种植技术和管理理念一直沿用至今，茶业发展迅猛。目前，肯尼亚已成为全球重要的茶叶生产和出口国之一，同时也是非洲最大的茶叶生产国。茶业在肯尼亚经济中占有重要地位，是肯尼亚三大创汇产业之一。

在内罗毕观光一天后，我们需要一顿美食来满足一下贪婪的胃，晚上我们特别安排在Carnivore食肉兽餐厅享用烤肉晚餐。这家餐厅曾两度被权威美食杂志《Restaurant》的专

俯瞰内罗毕

食肉兽餐厅的烤房

家组评为“世界最佳50个餐厅”之一，并给予“令人惊奇”的评语。餐厅就坐落在肯尼亚首都内罗毕市区外4公里处。

食肉兽餐厅的陈设与众不同。它坐落在绿树红花掩映的花园中，本身就是一派热带风光。耳边响着非常有节奏感的非洲音乐，所有服务生都穿着斑马条纹的围裙，带着斑马条纹的帽子来回穿梭。看看烧烤炉，炉里有超过一吨的食物，让我们这些“食肉动物”蠢蠢欲动。每张餐桌都插有一支小旗，大家以为是装饰，服务生则告诉我们，虽然这里是自助餐，但肉食不是客人自取，而是由服务生配送，小旗是索要肉食的信号旗，放倒小旗就表示不要食物了。这里有野猪肉、鳄鱼肉、鸵鸟肉、羚羊肉等，均来自饲养的动物，肯尼亚是不允许屠宰野生动物的。

Carnivore
食肉兽餐厅餐牌

DAY 6 吊脚楼上边“睇野”边“叹茶”

察沃国家公园

这里是肯尼亚最大的野生动物保护区，建于1948年，距内罗毕约290公里，分为东察沃和西察沃两部分。东察沃是一望无际的平坦草原，横穿其间的加拉纳河是野生动物们的生命之河。西察沃以众多火山和山脉为主，地形复杂多变，火山泉缔造了一片片生长着棕榈树的湿地，吸引

萨罗瓦索尔特力克山林小屋

近距离观看水牛喝水

大批水鸟和河马栖息。

园内建有一个水下观察室，可欣赏难得一见的水下景观，如河马“花样游泳”和鳄鱼“潜泳”。

察沃是世界上最大的野生大象聚居地，共有两万余头大象。由于经常在红色泥土中嬉戏，大象的皮肤也被染成鲜艳的红色。察沃更出名的野生动物是狮子。在当年东非铁路修建过程中，两头狮子不知怎么养成了吃人的习惯，先后竟吃掉135人，“察沃的食人魔”因此曾轰动世界，后来还被写进小说和拍成电影，铁路线上至今还有一个“食人狮道口”。

这次我们特意安排了西察沃公园内吊脚楼酒店“萨罗瓦索尔特力克山林小屋”，让团友们坐享其成边“叹茶”（喝茶）边“睇野”（看野生动物）。

“山林小屋”由两组各六个圆形组团的围笼建筑组成，呈八字排开，每组团六个圆筒建筑都建在约四米高的石柱上，外墙浅灰色，两边各个圆筒建筑用有护栏的长短不一的空中引桥相连，除中央的大围笼为三层外，两组围笼建筑均为两层结构。酒店外围开阔处错落地分布着几潭清水，或为自然形成或为酒店有意筑成，是吸引野生动物前来的“诱饵”。

整个酒店共有86间客房，全为大床间或双床房。酒店的大堂、餐厅及酒吧，均统一设在中央大围笼建筑处。住客一旦被越野车送至酒店则按规定不许外出，但可从酒店房间窗户、各围笼屋空中引桥、酒店中央的二层及三层观赏野生动物。让我们意想不到的是酒店的地下设有一条地下隧道，向外延伸连接有50米长的碉堡形观测台，是专门为住客近距离观察大象、水牛等野生动物设计的。

在吊脚楼酒店，从早到晚都可以一边喝着咖啡或中国茶，一边检阅野生动物们粉墨登

在大象面前自己多么渺小

在吊脚酒店一边“叹茶”一边“睇野”

场——先是以家庭为单位的非洲大象，紧跟其后的是成群结队的斑马和猴子，而非洲水牛组成的方阵将最后一批通过。

我们在碉堡形观察台还见到了大象家庭有趣的一面，雌雄大象闹别扭，雌性大象驱赶雄性大象走开，独自带着四头小象离开并消失在茫茫荒野，只留下雄性大象依依不舍的孤单身影。

噢，这不就是狮群中的母氏法则吗？在象群中这一法则竟然也存在，这难道就是野生动物界优胜劣汰的法则？

我们也看到了野生动物界的阶层现象——大象过来喝水，斑马自觉地离开；非洲水牛一走近水源，猴群马上让位；体型小的食草动物见到体型大的，都会自觉让位。

DAY 7 海明威笔下的乞力马扎罗雪山

美国大作家海明威曾写过一部中篇小说《乞力马扎罗的雪》，讲述一个作家在非洲狩猎的经历，令这座非洲最高山峰进一步披上神秘的面纱。

肯尼亚的天气依旧早晚寒凉，特别是早上，太阳还没出来的时候气温只有十几摄氏度。但是，太阳一旦出来，马上又像回到了夏天。我们依旧在酒店用早餐，之后前往安博塞利国家公园。

安博塞利国家公园

沼泽里面河马正悠然自得地“游泳”

安博塞利国家公园位于内罗毕以南约250公里处，是非洲度假胜地之一。这里是肯尼亚与坦桑尼亚交界地区，可以看到海拔5895米的非洲第一高峰——乞力马扎罗山。靠近赤道的乞力马扎罗山的山顶终年覆盖着积雪，山下莽原景色优美。

由于冰川雪水的融化，该保护区内形成大片的湖泊和沼泽，而这样的湿地非常适宜大象生活，因此这里栖息着1000多头非洲象。安博塞利在1968年仅作为保护区建立，到1974年才正式称为国家公园。安博塞利国家公园覆盖了392平方公里的土地，同时包括了总占地约3000平方公里的安博塞利生态系统的一部分。

我们下午4点左右乘车于园内寻找野生动物，寻找那以乞力马扎罗雪山为背景的画面——大象群披着晚霞，在稀树草原的映衬下进食青草；像《狮子王》中的情节，雄狮王带着幼狮在日落时走到花岗岩石板上怒吼着宣示领地。果然，我们见到了好几群大象在公园觅食，角马和斑马群在分布于路边的水沟喝水，鸵鸟鸟悠然地走来走去，不时还见到疣猪乱窜……这里不愧是一个真正的动物王国。

放眼望去，非洲第一高峰乞力马扎罗山映入眼帘

DAY 8 从草原到热带雨林

山峦起伏，宛如波涛汹涌

酒店用完早餐后，我们约在7点出发，行车约2小时，我们的专职黑人司机将带大家前往AMANGA边境。坦桑尼亚司机和导游在边境接团后，我们将前往坦桑尼亚玛雅拉湖，行车约4小时，在边境办理坦桑尼亚落地签证。

曼雅拉湖

该湖位于坦桑尼亚北部，入口位于阿鲁沙（Arusha）以西，沿着一条新铺设的道路前进，靠近多民族聚居的图瓦布市场小镇（Mto wa Mbu）。

在600米深的东非大裂谷铁锈色和金光色的悬崖底部延伸50公里的曼雅拉湖是一颗宝石，海明威曾经赞叹“这是非洲最可爱的地方”。

在曼雅拉，可密集观看动物，是坦桑尼亚野生动物园的虚拟微缩景观。在这里我要重点介绍一下我们入住的位于公园悬崖边的Wildlife Lodge酒店。这家保护区内的公园酒店与草原公园观光酒店的最大区别在于，它是建设在裂谷悬崖上，可以将整个公园一览无余。草原保护公园的酒店要么是吊脚楼建筑以防野生动物伤

稀树草原上的一块“宝石”

人，要么是帐篷包的简易建筑，要么是伞形屋顶的简易结构建筑。这家悬崖酒店则不同，将公园内的丛林湖泊尽收眼里。酒店内还建有观

会剥香蕉的猴子

调皮的猴子攀檐走壁

景平台和观景酒吧屋，崖边有一个25米长5米宽的游泳池。

酒店工作人员多次提醒我们，睡觉前一定要把门窗关紧，否则就会有猴子光顾。结果，有两个房间的客人没关好门窗，早上就发现行李箱果真被聪明的猴子翻得一片狼藉，把几盒方便面吃光了，还在洗手间撒野。

DAY 9 恩戈罗恩戈罗的狮群

据有关资料介绍，恩戈罗恩戈罗火山形成于3000万年前的地壳运动，当时的高度可媲美乞力马扎罗山。在此后漫长的岁月里，恩戈罗恩戈罗火山不间歇地喷发，大量熔岩涌出，山峰不断被削平，最后一次喷发距今约25万年。由于喷发猛烈，锥形的山尖被摧毁，山头从内部塌陷下去，形成了一个800米高、直径19公里的圆形盆地。

在这里不用起早贪黑、忍饥挨饿，食草动物悠闲地吃草，歇息

恩戈罗恩戈罗火山盆地绿草如茵，几眼清

保护区披上了一件金黄色的“大衣”

澈的泉水汇集成一个永不干涸的淡水湖和几处沼泽地。野生动物们从四面八方汇聚而来，由于到处都是青草水源，它们不用像其他保护区的同类起早贪黑、忍饥挨饿去寻找水和青草。

清晨，从我们入住的山顶酒店放眼望去，整个环形峭壁火山口云雾缭绕，如仙境般梦幻。当太阳穿过云层朝霞洒满大地时，整个保护区像披上了一件金色的外衣，加之时而出现的彩虹的点缀，让人顿时感觉到，这里充满了生机。

火山口内的野生食草动物又开始了一天的水草觅食之行——大象开始出动，非洲水牛直奔湖边，疣猪、斑鬣狗、瞪羊、角马、斑马随处可见；一群野鹤轻盈地从头顶掠过，继而落到湖畔的草地上，它们头上顶着金黄色的羽冠，两颊白色，身体灰蓝色，尾部披着黑褐色的垂羽，一双纤细的长腿更显身材婀娜，亭亭玉立。它们是皇冠鹤，也叫灰冠。还有各种水鸟栖息在湖边的灌木丛中。在湖中，河马嬉戏，有时还作鱼跃状在水中翻滚，不亦乐乎。这些动物日复一日、年复一年地在这片安逸的环境中繁衍生息。

悠闲过“马路”的斑马群

表妹“罗莉”与“恩哥”情投意合

“恩弟”无可奈何装睡

罕见的黑犀牛

新的一天，食物链顶端的肉食动物又开始物色新的猎物，但今天有一对狮子是例外。

这一对狮子老大鬃毛蓬大，体格健壮，我给他取名“恩哥”。老二叫“恩弟”，一头金鬃发，低调淡定。这对“兄弟”负责守护恩戈罗恩戈罗火山口以南的地区（据资料介绍此保护区共育有狮子约40只，是7只狮子的后代）。由于火山口保护区特殊的地理位置，内部的动物很难走出去，外面的动物又很难走进来，故大多数狮子均为近亲繁殖，一个家族的狮群“分封”于同一地区的不同属地。

今天雌狮群中的表妹“罗莉”恰逢发情期，一大早就离开6只小宝贝幼狮，约上“恩哥”到外面边谈情说爱、作鱼水之欢，一副初恋的神态。一旁的“恩弟”却在装睡，摆出一副“无眼睇”的态度，也可能是争风吃醋无可奈何的样子，谁叫你是老二呢！

稀树草原

东哥带路真经

这次非洲之行，我们选择了一些有代表性的国家公园和保护区，12天的行程囊括了肯尼亚、坦桑尼亚两个著名的野生动物公园，目睹了万里行军的食草动物预备横过马拉河的史诗式的壮观景象。

这次定制深度游与一般走马观花游的不同之处是吃、住两方面均安排在景区内具有特色的四星以上的酒店，方便全方位、不间断地观看野生动物。要知道东非两国保护区内的高级酒店是极难预订的，如马赛马拉国家保护区的酒店总数在120家左右，总床位6600个（公园内、外的总数量），政府已经停止办理酒店执照，只有现有的。虽然税收大概是30%左右，但是可以用投资金额抵扣所得税。所以酒店基本不需要招揽顾客（订房），都是各旅行社找上门。因为酒店少，客人多，通常需要提前几个月甚至一年预定，否则没有房间。旺季每晚费用200～500美元不等，含三餐；淡季120～300美元不等。欧洲客人及东南亚客人对木屋、帐篷型客房要求不太多，能满足住宿，洗澡，干净，食物好就可以。

在东非野生动物公园或保护区观看动物，一般用车是由面包车或越野车改装而成，通常车顶都可以撑起来，可以露出观察者颈部以上，但大多数地方都是土路，每当汽车路过都会尘土飞扬，颠簸难熬，要戴口罩和帽子才能继续前行。游览方面我们除看动物外，还穿插安排其他节目，如走访马赛村落和打高尔夫球，安排当地商场购物和当地特色餐厅就餐等，可以说样样俱全，满足了不同客人的需求，且做到劳逸结合快慢相宜。

最后，请允许我用几首诗来结束这次东非之旅。

东非狂野地，车抖灰尘扬。
动物何其多，引颈见牛羊。
大象雪山下，狮吼依稀闻。
花豹依草望，闪电来一场。
草马羚羊群，一生觅食忙。
马拉河之渡，终生难相忘。
浩瀚星辰下，迁徙又一轮。
世如芳草在，人生路茫茫。

——刘卫东

在我写出这首诗的同时，团友也转赠了她亲自写的一首诗给我，感叹这次东非之旅的所观所想。

天阔野云垂，风高大道灰。
草惊雄狮起，尘乱鬣狗追。
星隐牛羚徙，日落花豹回。
寥寥莽原寂，狂野最东非。

——谢梅香

行程小Tips

1. 某些娱乐项目只有穿长裤才适合，因此女游客不要仅带裙子，舒适轻便的鞋子、长袖衣裤都必不可少。

2. 到野生动物保护区游览，应穿中性颜色的衣服，如棕色、米色和土黄色；白色和其他鲜艳的颜色会令动物不安。同时，尽量穿长袖衣裤，以防被丛林中的蚊虫叮咬。

3. 肯尼亚景区路况差，车辆偶有颠簸，儿童和老人容易不适者请提前准备好相关晕车药品。

4. 旱季时路上灰尘大，对灰尘敏感的同志们请一定要自备防尘口罩（本地基本上没卖的，所以如果打算到了再买就可能有点来不及了），戴口罩还有一附带优点：顺便做脸部防晒保湿。

出行装备

1. 防晒霜、防晒帽、墨镜、晴雨伞 □
2. 护照、签证、身份证 □
3. 单反、三脚架 □
4. 清凉油或防蚊液 □
5. 急救小药包 □
6. 雨具 □
7. 口罩 □
8. 拖鞋、牙具 □
9. 英制三腿方插头 □
10. 望远镜 □
11. 晕车药 □
12. 外套 □

东哥带路公众号

东哥带路微博

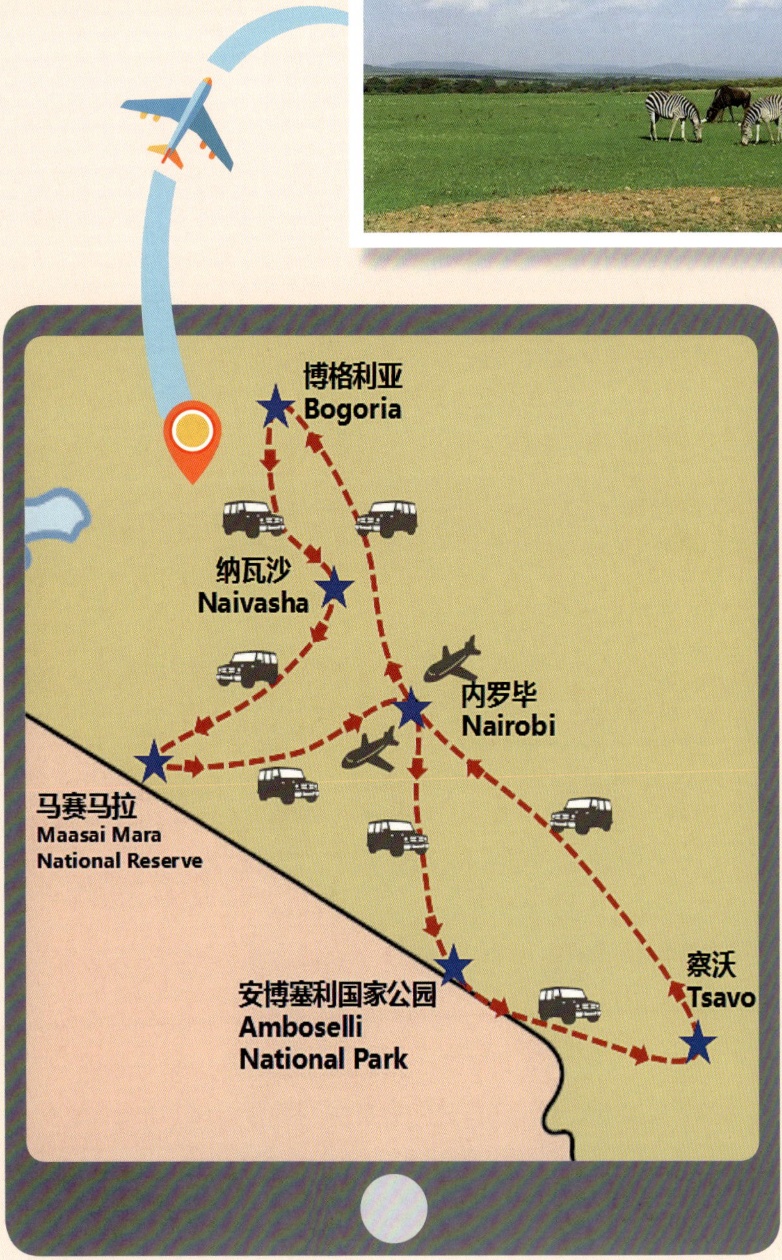

非洲10天定制游示意图

让人三观颠覆的非洲10天定制游

天数	行程与细节	交通	住宿
第一天	**广州—内罗毕** **参考航班：KQ887　2210/0605+1** **（经停曼谷约 70 分钟）** 指定时间在广州白云机场集合，搭乘肯尼亚航空公司航班，飞往肯尼亚首都内罗毕。	飞机	飞机上
第二天	**内罗毕—安博塞利** 抵达后前往安博塞利国家公园，入住酒店。 下午乘车于园内追寻野生动物。	巴士	当地五星级
第三天	**安博塞利—察沃** 酒店用完早餐后前往察沃，在酒店休息，享受休闲的午后，如有兴趣，也可以参加自费项目游览。 【察沃国家公园】参考价格：150 美元/人。		当地五星级
第四天	**察沃—内罗毕** 酒店用完早餐后前往首都内罗毕。抵达后安排中式午餐。参观长颈鹿公园（入内参观约 40 分钟）。安排中式晚餐。	巴士	当地五星级
第五天	**内罗毕—赤道—博戈里亚或艾勒门泰塔** 酒店用完早餐后乘车跨越赤道线，穿越南北两个半球，前往博戈里亚区域。 下午前往博戈里亚国家自然保护区；游览博戈里亚湖（约 1 小时）。	巴士	当地特色酒店（博戈里亚或艾勒门泰塔）
第六天	**博戈里亚或艾勒门泰塔—纳瓦莎** 酒店用完早餐后前往东非大裂谷明珠——纳瓦莎。 下午乘船游览纳瓦沙湖（约40分钟）。	巴士	当地五星级

<table>
<tr><th>天数</th><th>行程与细节</th><th>交通</th><th>住宿</th></tr>
<tr><td>第七天</td><td>纳瓦莎—马赛马拉
酒店用完早餐后前往马赛马拉区域。
下午前往马赛马拉国家自然保护区。</td><td>巴士</td><td>当地五星级</td></tr>
<tr><td>第八天</td><td>马赛马拉
如有兴趣，清晨可以参加自费项目“热气球之旅”。
酒店用完早餐后前往马赛马拉国家自然保护区，前往马拉河，亲眼看见角马过河的壮观景象。
中午安排打包午餐餐盒。
如有兴趣，可以参加自费项目“马赛村庄之旅”，走进马赛人的生活。</td><td>巴士</td><td>当地五星级</td></tr>
<tr><td>第九天</td><td>马赛马拉—内罗毕/广州
参考航班：KQ886 2359/1845+1
酒店用完早餐后返回内罗毕，途经著名的肯尼亚红茶种植园，沿途观赏优美的茶园风光。
内罗毕市区游览：外观独立花园，外观议会大楼，外观市政厅，外观高等法院，外观 KICC 国际会议中心等。
参观肯尼亚当地商场 Junction Mall（译作：连接商场），自由购物（需注意，肯尼亚商场禁止拍照）；
特别安排印度洋海鲜晚餐。
后前往机场，搭乘航班返回广州。</td><td>巴士
飞机</td><td>飞机上</td></tr>
<tr><td>第十天</td><td>广州
抵达广州白云国际机场，结束愉快旅程。</td><td></td><td></td></tr>
</table>

温馨提醒：本书所载旅游线路仅供参考，具体以当时旅行社提供的资讯为准

服务热线：020-28865301，13392686898

东哥带路公众号

东哥带路微博

追踪神秘野生动物16天深度定制游

天数	行程与细节	交通	住宿
第一天	**广州—内罗毕** 指定时间在广州白云机场集合，搭乘肯尼亚航空公司航班，飞往肯尼亚首都内罗毕。	飞机	飞机上
第二天	**内罗毕** 到达内罗毕肯雅塔国际机场，之后包车前往费尔蒙酒店入住。该酒店是电影《走出非洲》的重要摄影点之一。如今保持着它一贯的奢华却又不失其现代气息。	巴士	费尔蒙特酒店（The Norfolk Hotel）
第三天	**内罗毕—桑布鲁国家公园** 早餐后，坐车前往桑布鲁国家保护区。经赤道线时停车留影。这一带是长颈羚、长颈鹿、斑马以及濒危的桑布鲁猴子、比萨羚羊和大象等稀有动物的家园。之后继续前往桑布鲁国家公园，到达后入住酒店。 当晚入住位于桑布鲁国家公园内的桑布鲁索帕酒店。该酒店布置极具非洲风。可俯瞰水牛泉，伊瓦索尼罗河（Ewaso Nyiro）——桑布鲁的生命之源，当地人称之为“桑布鲁之水”（Water Samburu），因为水的颜色呈棕色，又称之为“棕色的水”。也正是因为这条宝贵的支流，给干旱的桑布鲁增色不少。从酒店的房间我们便可观赏到壮观的平原，悠闲吃草的大象，幸运的话还可以看到只有桑布鲁保护区才有的“非洲五特”——葛式细纹斑马（Brevy zebra）、东非剑羚（Beisa oryx）、蓝腿索马里鸵鸟（Somali ostrich）、网状长颈鹿（Reticulated giraffe）、长颈羚（Gerenuk）。		桑布鲁索帕酒店

天数	行程与细节	交通	住宿
第四天	**桑布鲁国家公园—阿布戴尔国家公园** 早餐后前往阿布戴尔国家公园。公园总面积达767平方公里，地形非常多样，深林、高地、山坡相互交错着，海拔从1829米高至4001米。公园里四处可见黑犀牛、豹、狒狒、黑白疣猴和疣猴的踪影。但要想见到狮子、金猫以及生活在竹林中的难以捉摸的森林羚羊、大羚羊、斑点和黑色的猫鼬猫，就要看我们的运气了。虽然它们经常在沼泽地里出没，但踪迹却极其神秘。	巴士	当地五星级
第五天	**阿布戴尔国家公园—博格利亚湖** 早餐后将离开营地，开车前往天然温泉池——博格利亚湖。它是一个碱性湖泊，拥有着众多的温泉和间歇泉——它们从地球核心内不断地排放热蒸汽，可以轻易地将鸡蛋在短时间内煮熟。此外，博格里亚湖中有相当多的蓝绿藻和矽藻，使得阳光在不同时间照射时，湖面会呈现出不同的颜色，如黄色、粉红色和紫红色等。博格利亚湖是较浅的咸水湖，东面紧靠陡峭的SIRACHO 峭壁，湖面上有多处从地下深处激涌而出的热泉，其水温可达到95度。目前有数量众多的火烈鸟，因为这里水温所生长出的浮游生物是火烈鸟的主要食物，又远离城市，所以受到火烈鸟的青睐。	巴士	博格利亚湖温泉度假村
第六天	**博格利亚湖—纳库鲁国家公园** 早餐后开车前往纳库鲁国家公园，近午餐时分到达目的地。纳库鲁湖国家公园位于裂谷省的纳库鲁市，距内罗毕约200公里，占地面积188平方公里，海拔1220至1758米，是为保护禽鸟专门建立的公园，被誉为"观鸟天堂"。园内有约450种禽鸟，尤以火烈鸟而闻名于世。处于火山带，湖水盐碱度较高，适宜作为火烈鸟主食的浮游生物生长。约有火烈鸟200万只，占世界火烈鸟总量的三分之一。除鸟类之外还有多种动物，如疣猴、跳兔、无爪水獭、岩狸、河马、豹子、狮子、斑马、野牛、狒狒、羚羊、鬣狗、狐狸、野猫、长颈鹿、白犀牛等。湖水面积随雨季变化在5至30平方公里不等。1960年政府把该湖划为鸟类保护区，1968年扩建为国家公园，是非洲第一个保护鸟类的国家公园。	巴士	马拉因特皮德斯帐篷营地（Olare Mara Kempinksi Masai Mara Tented Camp）

天数	行程与细节	交通	住宿
第八天	**全天马赛马拉保护区Safari** 早餐后退房，驱车游览马拉保护区。马拉被许多人视为肯尼亚最好的野生动物保护区，面积为1510平方公里，毗邻坦桑尼亚著名的塞伦盖蒂，完美地形成一个生态系统。马拉开放式的热带草原是大象、犀牛、狮子、猎豹、豹、鬣狗、水牛、伊兰的钟爱之地。从6月到10月，一年一度的角马迁徙开始时，成千上万的这些动物将横跨平原寻找新的地盘。	巴士	马拉塞丽娜山林小屋（Mara Serena Safari Lodge Lodge）
第九天	**全日在马赛马拉保护区Safari** 到非洲，到了马赛马拉除了看动物外，还得去看看带有传奇神秘色彩的马赛人。早餐后前往马赛村参观并了解独特的马赛文化。随后继续我们在马赛马拉保护区的探索。	巴士	马拉塞丽娜山林小屋（Mara Serena Safari Lodge Lodge）
第十天	**马赛马拉野生动物保护区—伊斯兰堡—塞伦盖蒂** 早餐后将通过Isbania边境，前往坦桑尼亚边境，继续往西北方向前往塞伦盖蒂，穿过一个个种满了小麦和咖啡的迷人乡村，进入恩戈罗恩戈罗保护区。从这里可以看到塞伦盖蒂广阔的平原以及生活在此的各种野生动物。	巴士 飞机	塞伦盖蒂国家公园酒店（Serengeti Sopa Lodge）
第十一天	**塞伦盖蒂国家公园—恩戈罗恩戈罗** 酒店早餐后驱车前往恩戈罗恩戈罗保护区。它是世界上最大的、最完整的火山口，海拔2286米。它不仅是大型野生动物的天堂，而且也是大量鸟类生活、繁殖、越冬或长途迁徙中停留的重要地区。 恩戈罗恩戈罗火山口最高点海拔2135米，直径约18千米，深 610米，形状像一个大盆，“盆底”直径约16千米，“盆壁”陡峭，面积达315平方千米，是世界第二大火山口，素有非洲伊甸园之称。		恩戈罗恩戈罗索帕酒店（Ngorongoro Sopa Lodge）

天数	行程与细节	交通	住宿
第十二天	**恩戈罗恩戈罗—曼亚拉湖** 酒店早餐后开车前往坦肯Namanga边境，经阿鲁沙前往曼雅拉湖。这样我们再次回到肯尼亚。沿途欣赏肯尼亚美丽的大草原，一望无际，湛蓝的天空，路边参差不齐的植物和时不时出现在路边的小动物。令人兴奋的是，我们还能远远地看到非洲屋脊——乞力马扎罗山，延绵的山峦无不展示着非洲的粗犷特性以及大自然纯粹的美。		曼雅拉湖瑟琳娜旅行山林小屋（Lake Manyara Serena Safari Lodge）
第十三天	**曼亚拉湖—阿鲁沙—安博塞利国家公园** 前往非洲最高山——乞力马扎罗山脚下的安博塞利国家公园（Amboseli National Park）。在天气晴朗的情况下，可以清晰地看到非洲第一高峰乞力马扎罗山。安博塞利国家公园是肯尼亚最受欢迎的国家公园之一，位于内罗毕东南150英里处，非常靠近坦桑尼亚边界。 由于冰川雪水的融化，该保护区内形成大片的湖泊和沼泽，这样的湿地非常适宜大象生活，因此这里栖息着1000多头非洲象。坐落在肯尼亚安博塞利国家公园内，非洲第一高峰——乞力马扎罗山脚下的安博塞利索帕酒店，占地面积非常大。入住安博塞利索帕酒店，这种具有马赛人传统的草顶狩猎酒店，屋内空间大且设施齐全，屋外植物繁多也是鸟类、松鼠、猴子的天堂，大象也会时常到访。		安博塞利索帕酒店（Amboseli Sopa Lodge）
第十四天	**安博塞利国家公园全天** 在安博塞利进行全天的驱车游览。安博塞利国家公园是大象的天堂，这里有巨大的象群，因为这里树木较少。同时各种动物数量巨大，聪明、热情、温柔、可笑的大象是公认的明星，同时也是“景观园艺师”。大象看上去似乎是不加选择地乱吃东西，但事实上它对食物也是非常挑剔的，只偏好某些特定时期的特定植物，在湿季主要吃草，在干燥的月份里就以树叶、根和树皮为主食。象牙和象鼻在进食时得到了充分利用，前者是剥离和挖掘工具，而后者可以把食物紧紧抓住。		安博塞利索帕酒店（Amboseli Sopa Lodge）

天数	行程与细节	交通	住宿
第十五天	**安博塞利国家公园—内罗毕** 早上继续安博塞利国家公园的探索，下午开车返回内罗毕。在内罗毕用过晚饭后开车前往内罗毕机场，搭乘国际航班返回广州。 特色晚餐：在肯尼亚当地有家十分出名的“carnivore”餐厅，中文翻译就是“食肉兽餐厅”。顾名思义，这是一个吃特色肉类的餐厅，在世界上名声大噪，1980年9月以来已经吸引了超过200万世界各地慕名而来的食客，包括一些社会名流。餐厅两度被权威美食杂志《restaurant》的专家小组评为“世界最佳50个餐厅”之一，并冠以“令人惊奇”的评语。		飞机上
第十六天	**内罗毕—广州** 于下午7点到达广州，结束东非之旅。		

温馨提醒：本书所载旅游线路仅供参考，具体以当时旅行社提供的资讯为准

服务热线：020-28865301，13392686898